DISCOVRS
SVR L'ESTABLISSEMENT
DE
L'HOSPITAL GENERAL,
fondé à Paris par le Roy en
l'année 1657.

Où il est monstré, que non seulement il est loisible de renfermer les paunres, mais qu'il est absolument necessaire; & que les riches de Paris sont obligez de contribuer à leur subsistance.

Par Mr A. GODEAV, Euesque de Vence.

A PARIS,

Chez Antoine Vitré, Imprimeur ordinaire du
Roy, & du Clergé de France.

M. DC. LVII.

Auec Priuilege de sa Majesté.

DISCOVRS SVR

l'eſtabliſſement de l'Hoſpital General, fondé à Paris par le Roy en l'année 1657. où il eſt monſtré, que non ſeulement il eſt loiſible de r'enfermer les pauures, mais qu'il eſt abſolument neceſſaire; & que les riches de Paris ſont obligez de contribuer à leur ſubſiſtance.

L'ESTABLISSEMENT de l'Hoſpital General eſt vne œuure ſi importante à la gloire de Dieu, ſi neceſſaire au ſalut des pauures que l'on y veut renfermer, & ſi commode à tout le monde, qu'il y a ſujet de s'eſtonner que beaucoup de perſonnes qui d'ailleurs ſont fort raiſonnables, le trouuent mauuais, & en condamnent l'entrepriſe, ou comme cruelle, ou comme indiſcrette, & im-

A ij

poſſible en ſon execution. Mais l'experience nous a fait connoiſtre que
toutes les grandes œuures que l'on
a faites pour Dieu dans tous les ſie-
cles, ont eu tousjours de l'oppoſi-
tion, qui eſt comme le caractere de
leur bonté, & comme la marque
qu'elles viennent de celuy dont Si-
meon dit à la Vierge, *Qu'il ſeroit vne*
pierre d'achoppement, & vn ſigne de
contradiction à pluſieurs. Le Prince
du ſiecle ne peut approuuer ce qui
n'eſt pas conforme à ſon eſprit, il
approuuera bien moins ce qui de-
ſtruit ſon mal-heureux regne, &
ce qui ſert à eſtablir celuy du Fils
de Dieu dans les ames. S'il n'y auoit
que les meſchans qui improuuaſ-
ſent l'entrepriſe de l'Hoſpital General, ils ne meriteroient pas que
l'on ſe miſt en peine de leur reſpon-
dre. Mais comme il ſe trouue beaucoup de ſages & de politiques, dont
les vns craignent que ce deſſein ne
puiſſe s'effectüer par l'impoſſibilité
de la choſe; & les autres croyent
que c'eſt violer toutes les loix de

S. Luc,
chap. 2.

S. Iean,
chap. 15.

l'humanité, que d'enfermer des
hommes qui sont nez libres, on a
creu qu'il estoit necessaire de donner au public vne ample connoissance des raisons qui ont poussé à
l'entreprise de cette œuure, ceux
qui s'en sont meslez, & de respondre distinctement à toutes les objections que l'on peut faire pour la
combattre. Messieurs les Directeurs
de l'Hospital General m'ont prié de
prendre ce soin, & ie n'ay pu refuser ce petit seruice de ma plume à
des personnes qui se sacrifient elles-
mesmes pour acheuer vn dessein si
laborieux & si vtile. Les Euesques
sont les defenseurs naturels des pauures, & en cela il n'y a point de li-
mites par les Dioceses. Car la charité de IESVS-CHRIST qui les
doit presser, est aussi estenduë que
son Eglise; & en quelque lieu qu'ils
se rencontrent, ils sont obligez de
faire tout ce qui depend d'eux pour
assister ses membres. I'ay donc re-
solu de diuiser ce Discours en trois
parties. Dans la premiere, ie mon-

A iij

feray que l'establissement de
l'Hospital General est necessaire;

1. Pour la gloire de Dieu.

2. Pour le salut des pauures.

3. Pour la commodité publique.

Dans la seconde partie, ie res-
pondray à toutes les objections que
l'on peut faire contre cette grande
œuure.

Dans la troisiesme, ie feray voir
l'obligation qu'ont tous les riches
de Paris de contribuer liberalement
leurs aumosnes pour la subsistance
de cét Hospital, & la maniere dont
ils le doiuent faire. Ie n'employeray
point de figures de Rhetorique
pour les porter à s'acquitter de ce
deuoir; mais ie prendray mes preu-
ues dans les diuines Escritures,
dans les Conciles, dans les saints
Peres, dans les Ordonnances de
nos Roys, & dans eux-mesmes.
C'est à Dieu à donner la force à mes
raisons, & à mes paroles; & comme le dessein, pour lequel ie fais
ce Discours, est entrepris pour sa
gloire; comme c'est la seule chose

que ie me propose, j'espere de sa
bonté qu'il benira cét escrit, & luy
fera produire les fruits que j'en
espere.

PREMIERE PARTIE.

ENCORE que la grace Chre-
stienne ne soit plus renfermée
ny dans vne seule nation, ny dans
vn seul estat de personnes, & qu'il
n'y ait plus en IESVS-CHRIST
ny Iuif, ny Gentil, ny Grec, ny
Barbare, ny pauure, ny riche, mais
que tous les hommes soient capa-
bles de deuenir les membres de son
corps par la foy; Il est certain neantmoins que dans la societé ciuile, il
se rencontre des conditions qui de
leur nature ont plus de conformité
à l'esprit, & aux maximes de l'Euangile, & d'autres qui s'y trouuent
plus opposées. L'Esprit de l'Euangile est vn esprit d'abnegation de
soy-mesme, qui renferme vne re-
nonciation absoluë en effet, ou en

L'estat
des ri-
chesses
est oppo-
sé à l'es-

preparation de cœur, à toutes les chofes du monde. Car le fils de Dieu, en faint Luc, dit à tous ; *Quiconque veut venir apres moy, qu'il renonce à foy mefme, & qu'il porte fa croix tous les jours & me fuiue.* Ces paroles qu'il difoit à tous, ont efté efcrites par l'Euangelifte, auec grande raifon, afin que les hommes du fiecle ne puffent penfer qu'il n'y a que les Miniftres Ecclefiaftiques, les Moines, & les Vierges confacrées à Dieu, qui foient obligez à l'abnegation d'eux-mefmes. Il eft vray que ceux-cy la doiuent prattiquer d'vne façon differente de ceux-là, pour l'vfage des chofes exterieures qui eft beaucoup plus feuere, & plus eftroit pour eux, que pour les perfonnes qui viuent dans des conditions feculieres. Mais auffi ne doiuent-elles pas s'imaginer, qu'il leur foit permis d'vfer des creatures comme d'ordinaire elles en vfent pour leur plaifir, ou pour leur vanité. L'Apoftre dit à tous les Fideles; *Que le temps qu'ils ont à viure dans le monde, est court, & que ceux qui vsent du monde soient comme n'en vsant point, Tanquam non vtentur,* & le verbe Grec signifie, comme n'en vsant pas beaucoup. Or il est certain que cét vsage chaste où la curiosité du siecle n'a point de part, est incomparablement plus mal-aisé dans la possession des grandeurs, des richesses, & des joyes du monde, que dans leur priuation. Car la corruption de l'homme par le peché, l'attache à soy-mesme, & cét amour propre qui fit le crime du chef de la nature humaine, fut aussi sa punition, & sera celle de tous ses enfans, jusques à ce que par la gloire ils soient deliurez de ce joug qui les accable.

Ainsi pour peu de matiere que cét amour mal-heureux trouue en nous, c'est vne espece de naphte qui s'allume tout d'vn coup ; & vn venin qui rencontrant vn fond qui luy est propre, le penetre, & le corrompt entierement. C'est pourquoy le Fils de Dieu dit dans l'Euan-

1. aux Cor. ch. 1

s. Matth.
chap. 6.

gile, où eft ton threfor . là eft ton cœur,
parce que le threfor eft comme la
pierre d'aimant qui attire le cœur
par vn attrait inéuitable , fi la grace comme vn diamant pretieux ,
n'empefche ce mal-heureux effet.
Cette abnegation Euangelique doit
commencer par l'entendement que
la foy met fous fa bien-heureufe
captiuité ; Et quel eft l'effet des richeffes ? De donner de l'orgueil à
cét entendement , & de le rendre
Iuge de toutes chofes. C'eft ce qui
oblige l'Apoftre inftruifant fon

t. ad Tim.
chap. 6.

Difciple, de luy dire , *Præcipe di-*
uitibus non fublime fapere , neque fpe-
rare in incerto diuitiarum , fed in Do-
mino , Enfeigne aux riches à ne s'ef-
loüer pas trop haut , & à ne mettre
pas leur confiance fur les richeffes in-
certaines. Comment les riches ne
s'efleueroient-ils pas au deffus des
autres , & d'eux-mefmes, ayant autour d'eux des flateurs qui ne cef-
fent de les loüer, de farder leurs
defauts , d'excufer leurs vices, &
de groffir les moindres bonnes qua-

litez de leur esprit. *Vn riche parle-* *Ecclesia-*
t'il , dit l'Ecclesiastique , *on porte* *stique*
aussi tost son discours fust-il le plus *chap. 13.*
impertinent du monde, jusqu'aux nuës.
L'Euangile apprend encore à mor-
tifier le desir d'excellence ; c'est à
dire du commandement sur les autres , & de refuser aux sens les vo-
luptez qui ne sont pas licites. Et
n'est-il pas vray , que de trouuer vn
homme esleué en dignité qui en vse
auec modestie , ou qui pouuant satisfaire ses conuoitises desreglées ,
les mortifie , & tienne son corps
sous vn joug tant soit peu rigou-
reux , c'est vn miracle extraordinai-
re; *où est-il , & nous le loüerons , par-* *chap. 31.*
ce qu'il a fait des prodiges en sa vie.
Il est donc certain que l'estat de la
grandeur & des richesses combat
toutes les maximes de l'Euangile ,
& qu'il est tres-difficile , que celuy
qui en est chargé , se sauue. C'est
ce que le Fils de Dieu nous fait entendre par la comparaison d'vn gros
cable , que l'on feroit passer plus aisément par le trou d'vne aiguille ,

S. *Luc*,
chap. 18.

L'eſtat de
la pau-
ureté eſt
confor-
me aux
maximes
& à l'Eſ-
prit de
l'Euangi-
le.
C H. 2.

qu'vn riche n'entreroit dans le Royaume des Cieux.

Au contraire la pauureté eſt vn eſtat, qui de ſa nature a plus de rapport à la vie Chreſtienne, qui eſloigne d'auantage l'homme de tout ce qui le peut corrompre, & qui luy donne plus de droit ſur le Paradis. Le pauure manque de toutes les choſes neceſſaires à la vie. Il eſt conſideré dans le monde, comme le rebut du monde, comme la lie du ſiecle, comme la partie la plus vile, & la plus inutile de la Republique. Il n'a point d'entrée ny dans les compagnies des hommes de condition, ny dans celles des hommes de plaiſir, ny dans celles des ſçauans, on le fuit, on en a du degouſt, & de l'auerſion, il n'a aucune part aux affaires, il n'oſeroit dire ſon ſentiment de rien, & pour peu qu'on le ſoulage, on croit luy faire vne tres-grande faueur. S'il reçoit quelque affliction nouuelle, perſonne ne le conſole ; ſi on le traite mal, perſonne ne le defend ; s'il a aujourd'huy dequoy manger, il n'en aura pas pour le lendemain ; s'il a durant quelque temps vn meschant habit pour couurir fa nudité, il en manque la plus grande partie de l'année ; Enfin, c'est vn mort du fiecle auquel perfonne ne prend garde, & qui femble eftre rejetté de la main de Dieu. Comment eft- *Pfalm. 81.* il poflible qu'en cét eftat vn hom- me ayme la vie prefente, où toutes les chofes luy manquent, qu'il prenne part au monde, qu'il fon- ge aux grandeurs, au commande- ment, à l'eftime, à la gloire & à la volupté ? Ne luy eft-il pas aifé de haïr le monde dont il eft fi mal trai- té ? Ne luy eft-il pas facile ne poffe- dant rien de n'eftre attaché à rien ? Ne luy eft-il pas bien doux de fon- ger à vne autre vie, où la foy luy fait efperer autant de grandeur & de joye, qu'il a d'humiliation, & de triftefle en celle qu'il meine fur la terre ? Comment pourra-t'il s'ay- mer foy-mefme ? Ne luy fera-t'il pas bien-aifé de porter par amour fa

croix, qu'aussi-bien il faudra qu'il
porte en depit de luy ?

Mais ce n'est pas en cette seule
facilité de pratiquer les maximes
de l'Euangile, & de viure selon son
esprit, que ie mets l'excellence &
la sainteté de l'estat de la pauureté
Euangelique. Il tire ces deux auantages principalement du choix que
IESVS-CHRIST en a fait pour
sa personne, pour celle de sa sainte
Mere, de ses Apostres, & de ses
plus fideles seruiteurs. Il pouuoit
estant Fils de Dauid, naistre en vn
temps où la Royauté se trouuoit encore dans sa maison ; & toutesfois
il vient au monde lors que la grandeur Royale en est sortie, & que
sa Mere qui estoit l'heritiere legiti-
me du Throsne d'Israël, se trouue
reduite en vn estat si pauure, qu'elle espouse Ioseph le Charpentier.
Il naist dans vne cauerne qui ser-
uoit d'estable aux bestes ; il est cou-
ché dans la creche des animaux ; durant trente ans il mange son pain à
la sueur de son visage, & passe pour

vn simple artisan. Tandis qu'il annonce aux Iuifs, les veritez de l'Euangile, il n'a pas vne pierre pour reposer sa teste; il a souuent faim; il n'a point de demeure asseurée; il vit des aumosnes que luy donnent des personnes de pieté. Il est regardé auec mespris par les Prestres, par les Scribes, & par les Pharisiens. On le chasse des Villes où il a fait des miracles; & enfin on le fait mourir du supplice des voleurs. Sa sainte Mere ne possede rien au monde non plus que luy. Il fait laisser aux Disciples qu'il choisit pour porter la lumiere de la Foy aux Princes & aux peuples de la terre, le peu de bien qu'ils possedoient : Il leur defend de porter aucunes prouisions, & de demander aucune chose: Dans la naissance de l'Eglise, les riches vendent leurs heritages, & en apportent le prix aux pieds des Apostres qui le distribuënt aux necessiteux. Tous les grands Euesques que l'Eglise honore ont esté choisis pauures, ou le sont deuenus par la ven-

Matth. chap. 10.

Actes, chap. 2.

te de leurs biens, comme si les richesses n'eussent pû s'accorder auec
le ministere Apostolique. Les Saints
qui les ont conseruées en ont pris
pour eux, vne si petite part, que par
la disposition de leur cœur, ils ont
esté aussi pauures que s'ils eussent
manqué de toutes choses. Ce choix
du Fils de Dieu de l'estat de la pauureté, le consacre sans doute, &
l'esleue à vne dignité extremément
sainte, aussi les pauures selon l'esprit de l'Euangile, sont-ils conside-
rez comme la fleur du Christianisme, comme sa portion choisie,
comme les delices & l'amour de
IESVS-CHRIST, comme ses temples
particuliers, & comme les intercesseurs generaux des peuples, &
comme les heritiers indubitables.
Car il ne dit pas que le Royaume
des Cieux sera à eux, comme il dit
que ceux qui pleurent seront con-
solez; mais il prononce que dés à
present le Royaume des Cieux leur
appartient; *Ipsorum enim est regnum
cœlorum.* Tous les saints Peres leur
donnent

Matth.
chap. 5.

donnent des noms magnifiques, &
le grand Chryſoſtome ne feint
point de les nommer des Autels
dont Dieu eſt auſſi jaloux que de
ceux où on luy ſacrifie le corps de
ſon Fils, & qui doiuent eſtre autant
honorez par les fideles. *Nous ne
leur rendons pas*, dit-il, *le culte qui
eſt deu, ſi nous negligeons ceux-cy
qui ſont le corps de* IESVS-CHRIST
*meſme. Dans ces derniers nous pouuons
ſacrifier, & comme le ſaint Eſprit eſt
appellé par le Preſtre ſur les Autels de
pierre, ainſi on le fait deſcendre ſur
ſoy par l'aumoſne que l'on fait aux
pauures.* Ils nous tiennent le lieu du
Fils de Dieu meſme, & il dit à ſes
Apoſtres pour les conſoler de ſon
eſloignement, qu'ils ne l'auront
pas tousjours, mais qu'ils auront
tousjours des pauures, à la perſonne de qui eux & les fideles pourront
rendre tous les offices de charité
qu'ils pourroient luy rendre à luy-
meſme.

La condition des pauures dans le
Chriſtianiſme eſtant ſi ſainte, ou

*Hom. 21.
ſur le 8.
ch. de la
1. aux
Cor.*

*Matt.
chap. 26.*

Les vrays
Chre-
ſtiens

B

pour mieux parler, estant l'estat de IESVS-CHRIST mesme; il n'y a point de doute que ceux qui ayment le Fils de Dieu, ne soient obligez de deplorer sa corruption, & de trauailler à le restablir dans sa pureté. On loüe auec raison le zele de ceux qui redressent les Eglises abbatuës, & les Autels que le temps, ou l'impieté des hommes a renuersez. Mais ces Temples & ces Autels, ne sont que des masses de pierre, infiniment esloignez de la dignité des Temples animez, tels que sont les pauures. Or n'est-il pas veritable que rien n'estoit si prophane, ny si abominable que la pluspart des pauures dans la ville de Paris; c'estoit comme vne nation monstrueuse dans l'Eglise, & dans la Police. Beaucoup n'estoient pas baptisez, & toutefois ils ne laissoient pas de se dire Chrestiens. Ils ne sortoient poiht des Eglises, & non seulement ils n'y prioient jamais Dieu, mais ils empeschoient les autres de le prier. Ils viuoient dans vne generale igno-

rance de toutes les veritez de la Religion. Ils ne frequentoient point
les Sacremens, & quoy qu'ils vef-
quiſſent dans toutes ſortes d'abo-
minations, on ne les voyoit jamais
recourir au remede de la penitence.
Ils auoient beaucoup d'enfans, &
ils ne faiſoient que fort peu de mariages. Le meſlange des beſtes aux
fontaines d'Afrique, n'eſt pas plus
monſtrueux qu'eſtoit le leur. Les
paroles ſales, les injures, les male-
dictions, & les blaſphemes eſtoient
tousjours dans leur bouche. Voila
de quelle ſorte ils ſatisfaiſoient aux
deuoirs du Chriſtianiſme. Pour les
loix de la police ciuile, ils n'y faiſoient pas de moindres fautes. Premierement c'eſtoient des faineans,
qui au lieu de ſeruir leur pays, ou
en trauaillant, ou allant à la guerre,
demeuroient dans vne oiſiueté hon-
teuſe, & faiſoient vn meſtier de la
gueuſerie. Ils deſroboient des enfans où ils en pouuoient rencon-
trer, & leur eſtropioient les membres, afin de gagner leur vie par ce

Les pau-
ures of-
fenſoient
egale-
ment les
loix du
Chriſtia-
niſme, &
les regles
de la po-
lice.

moyen. Ils traitoient de mesme les leurs propres, & l'auarice estoufoit en eux les sentimens de la pitié na-turelle pour ces petites creatures. Ils seruoient souuent aux voleurs pour entrer dans les maisons où on leur faisoit la charité de leur donner le couuert. Ils estoient larrons eux-mesmes, & prenoient tout ce qui se trouuoit sous leur main. Ils se seruoient de mille artifices pour paroistre chargez de playes & d'vlceres, & se moquoient le soir, de la simplicité de ceux à qui ils auoient fait compassion. Car chacun sçait qu'il y auoit quelques lieux dans Paris, où tous les soirs ces mauuais pauures se retirant, faisoient d'estranges miracles sur eux-mesmes, sans magie & sans sainteté. Les aueugles voyoient clair, les sourds entendoient, les boiteux dansoient, les muets chantoient, les teigneux auoient la teste nette, les mourans faisoient la desbauche; enfin ils passoient les nuits entieres en feste, & en toutes sor-

tes de diffolutions. Dans les derniers mouuemens qui ont agité la
ville de Paris, ils eftoient des gens
tous prefts à former la fedition, &
à piller les maifons des riches. Ce
defordre qui offenfe également la
Religion & la Republique, peut-il
eftre indifferent à ceux qui ont
quelque fentiment pour l'honneur
de l'vne , & pour le bon ordre
de l'autre? Il n'y a point eu de peuples, ny de fiecles, où il ne fe foit
trouué des perfonnes à qui l'amour
de Iesvs-Christ, & le refpect de
l'eftat qu'il a choifi pour luy, n'ait
donné de grands fentimens de pitié, pour fecourir les pauures dans
leurs neceffitez fpirituelles , auffi
bien que dans les corporelles, & où
on n'ait veu des erections de maifons femblables à celles dont nous
parlons. Nous apprenons de Iofe-
phe, que Hircam eftablit le premier
vn Hofpital dans Ierufalem, où il
r'affembla les pauures qui eftoient
difperfez en differens quartiers de
la Ville , pour les empefcher de

Dans
tous les
fiecles on
a eu foin
des pau-
ures.
Ch. V.

B iij

mendier. Dans la naiſſance de l'E-
gliſe, tous les fideles eſtoient pauures, puis que les riches vendoient
leurs biens, & en apportoient le
prix aux pieds des Apoſtres; mais la
diſtribution egale qui ſe faiſoit à
tous des choſes neceſſaires à la vie,
empeſchoit la mendicité, & tous
viuoient en commun. Durant les
perſecutions, la charité pour les
pauures eſtoit encore plus ardente,
& nous apprenons des Epiſtres de
ſaint Cyprian, & des Autheurs de
ce temps-là, que le principal ſoin
des Eueſques eſtoit de pouruoir à
leur ſubſiſtance. Les oblations des
fideles ſe partageoient entre les Miniſtres de l'Autel & eux, & les perſonnes puiſſantes ſe chargeoient
d'vn certain nombre qu'ils entrete-
noient en ſecret. Saint Laurens, cét
illuſtre Diacre de l'Egliſe Romaine,
eſtant interrogé où il auoit caché
les threſors de l'Egliſe, monſtra vne
grande multitude de pauures à qui
il dit les auoir diſtribuez, & dont les
mains les auoient portez dans le

*Ioſephe
l. 13. des
ant. ch.16
Aux
Actes
ch. 92.*

Ciel. Saint Chryſoſtome nous apprend que dans l'Egliſe d'Antioche
on entretenoit trois mille Veuues
ou Vierges, ſans vn nombre infini
de ſains & de malades. Quand la
paix fut renduë à l'Egliſe par Con-
ſtantin, on commença à baſtir des
Hoſpitaux, & le Martyr Zoticus
fonda le premier dans Conſtanti-
nople. Il eſt vray que ce fut pour y
receuoir les pelerins. Mais c'eſtoit
auſſi pour les inſtruire, & pour empeſcher que la mendicité ne les
portaſt dans les deſordres du peché.
Le Pape Pelagius conuertit ſa maiſon en vn Hoſpital pour des vieil-
lards, où ils eſtoient enfermez, &
ſecourus auec toute ſorte de ſoin.
En ce temps-là aucun ne s'auiſa de
luy reprocher qu'il leur oſtoit leur
liberté naturelle, & la diſpoſition de
leurs perſonnes.

Le Pape Eſtienne reſtablit quatre
Hoſpitaux qui eſtoient tombez en
ruïne, les enrichit de dons magnifiques, & en aſſeura la conduite &
les reuenus par beaucoup de priui-

En l' Hom.
3. au peu-
ple d'An-
tioche.

Le Card.
Baronius
en l'an de
I.C. 330.

L'an de
I. C. 752.

leges, mais la deuotion n'estant pas
contente de reparer ce qui estoit
tombé, il en erigea vn nouueau, où
il assembla cent pauures, pour la
subsistance journaliere desquels il
assigna des reuenus asseurez.

Procope parle d'vn grand Hospital fondé pour les pauures & pour
les malades, qu'vn homme pieux
nommé Samson auoit basti, &
qu'vn autre r'edifia, & augmenta
de plusieurs petites maisons, outre
lequel il en bastit deux autres de
nouueau dans Constantinople ; &
le principal soin que l'on auoit
d'eux, estoit de les faire viure dans
la pieté Chrestienne Nous voyons
presque dans toutes les villes Épis-
copales, les Hospitaux bastis aupres
des Eglises Cathedrales, & des maisons des Euesques, parce qu'ancien-
nement ils prenoient le soin des
pauures que l'on y retiroit, sans per-
mettre qu'ils mendiassent dans les
ruës.

Il y a long-temps que l'on a songé à empescher ce desordre, qui en
effet

effet est honteux au Christianisme,
qui a pour sa loy la charité. En l'année 1612 quelques personnes de
pieté s'assemblerent, & formerent
le dessein de renfermer les pauures.
Monsieur de Belieure, pere de feu
Monsieur le premier President,
estoit pour lors Procureur general,
& il y contribua tout le soin, toute
la diligence & toute l'authorité de
son esprit, de son zele & de sa ma-
gistrature. Il y eut des Lettres pa-
tentes de cét establissement, scel-
lées & verifiées. Il fut commencé,
& il dura quelque temps; mais il
est vray que faute d'en auoir jetté
des fondemens solides, d'auoir bien
preueu à toutes les difficultez qui
s'opposeroient à son execution, d'a-
uoir le fonds necessaire au commencement; cette œuure si atten-
due & si necessaire se destruisit d'elle-mesme. Depuis quelques années
beaucoup de personnes de condition & de pieté, ont repris la pen-
sée de l'executer, & elles en sont
heureusement venuës à bout. Qui

ne loüera leur pieté ? Qui n'admi-
rera leur zele ? Qui ne s'estonnera
de leur patience ? Qui ne sera raui
de l'ardeur de leur charité ? Qui ne
doit se sentir leur obligé d'auoir
quitté leurs affaires domestiques
durant sept ou huit ans, pour s'appliquer tous entiers à vn dessein si
important & si difficile ? Qui n'est
obligé de prier le Dieu des pauures
qu'il conserue & qu'il multiplie le
bien de ceux qui ont abandonné le
soin de leurs familles, pour prendre
soin de la sienne, pour la rassem-
bler , pour la purifier de ses soüillu-
res , pour l'esclairer dans ses tenebres , & pour luy rendre son premier éclat qu'elle auoit si mal-heu-
reusement perdu ?

SECONDE PARTIE.

Qve si du mauuais succés de cét establissement, on vouloit conclure que celuy que l'on fait aujourd'huy ne reüssira pas mieux; on peut respondre fort raisonnablement, que dans le dernier projet que l'on a fait, on a plus distinctement examiné tout ce qui pouuoit empécher l'execution d'vn si grand dessein, ou l'auancer; On s'y est appliqué auec plus de soin & de patience, ce qui a fait considerer plus exactement les obstacles particuliers pour les surmonter. On a consulté Dieu dauantage, on a consideré cette entreprise, non seulement comme Politique, mais comme Chrestienne, & on a plus songé à sanctifier les pauures, qu'à deliurer les riches de leur importunité. En second lieu, outre que l'on a maintenant tous les auantages que l'on auoit alors, on en a beau-

C ij

coup de plus grands & de plus necessaires. Le Roy contribuë de sa
part tout ce que l'on pouuoit desi-
rer de son authorité. Il a donné le
Chasteau de Bicestre , qui est en
estat de receuoir les hommes ; & la
maison de la Salpestriere , où on
peut loger les femmes ; & tous les
priuileges & les exemptions des
droits dont on auoit besoin , qui ne
sont pas si peu de chose , qu'ils ne
montent vn jour à vne fort grosse
rente. La Reyne dont la pieté est si
connuë , a fait aussi vne aumosne
notable , & on espere qu'elle trai-
tera royalement les pauures , qui
sont les Roys de l'empire de Iesvs-
Christ. On a joint à l'Hospital
general celuy de la Pitié auec tous
les reuenus , & il a esté establi pour
oster la mendicité , comme il paroist par les lettres de son establissement. Les aumosnes sont des-jà
tres-notables , & plusieurs particuliers ont fait de grands legs par
leurs testamens , Monsieur de Be-
lievre premier President du Parle-

ment de Paris, en qui la France vient de faire vne perte irreparable, ne s'est pas contenté d'auoir trauaillé à cét establissement auec vne patience incroyable, & vn zele qui ne se rebutoit d'aucunes difficultez. Il a donné vne rente & vne somme d'argent comtant, qui sont considerables. Monsieur le Procureur general qui gouuerne les Finances du Roy, a monstré qu'il sçauoit fort bien s'acquitter des deuoirs de sa charge, qui le rend le protecteur des pauures. Car outre qu'il a soin de faire payer les sommes données par le Roy, il en a contribué luy-mesme vne, qui bien qu'elle soit magnifique, il veut que l'on reçoiue comme vn gage d'vne plus grande liberalité. Il y a eu des personnes qui ne voulant pas estre connuës, ont enuoyé par des gens interposez beaucoup d'argent comptant, des tableaux de grand prix, des coliers de perles, & d'autres meubles fort riches. Le magazin general se fournit de jour en jour de toutes les choses necessaires pour la subsistance des pauures, & comme on ne refuse rien, on éuite par là vne dépense immense qu'il faudroit faire, si on estoit obligé d'achepter tout ce que demande la fourniture de la maison, & l'entretien d'vn si grand nombre de personnes, qui dés à present se trouuent monter à six mille.

En troisiesme lieu, on a beaucoup d'exemples qui font voir que ce qui se fait dans plusieurs villes du Royaume, se peut aussi fort bien executer dans la capitale. Il semble mesme que la prouidence de Dieu a permis que ces petits essais du renfermement des pauures se fissent, afin de donner courage d'entreprendre le grand, qui paroissoit impossible; & qu'il en est de mesme comme des machines à leuer de grands fardeaux, que l'on bastit sur les modeles des petites, en obseruant les proportions que demandent la pesanteur du corps que l'on veut leuer. Ie ne doute point que

quand la ville de Lion entreprit son
grand Hospital , que les mesmes
difficultez ne combatissent son
establissement, que celles qui ont si
long-temps combatu celuy de Paris. Toutefois ceux que la Prouidence diuine engageoit à se mesler
de cette œuure, ne se rebuterent
pas ; & enfin ils en vinrent si heureusement à bout, que cette maison a esté le modele de toutes les
autres. Nous auons aux portes de
Paris les villes de Chartres, de Sen-
lis, de Beauuais, & de Pontoise, qui
ont renfermé leurs pauures & qui
les nourrissent; pourquoy Paris qui
a de si riches habitans, & de si grandes sources d'argent, ne pourra-t'il
pas executer ce qu'elles executent?
Paris tire le bien de toutes les Prouinces du Royaume, tous les Ci-
toyens presque sont commodes;
c'est où se font les grandes affaires
qui apportent des sommes immen-
ses à ceux qui les entreprennent,
leur donnant moyen de faire de
grandes aumosnes ; c'est où la cha-

rité semble estre comme naturelle
dans le cœur des hommes, c'est où
la pieté est la plus tendre & la plus
veritable vers les miserables. Tandis que les desordres de nos guer-
res ciuiles emportoient presque
tout le bien des Parisiens, qu'ils ne
joüissoient ny des gages de leurs
Offices, ny de leurs rentes sur le
Roy, ny du reuenu de leurs maisons de la ville, ny de celuy de leurs
terres à la campagne ; qui auroit
jamais creu qu'il se peust faire des
aumosnes aussi grandes que celles
qui se firent aux pauures de Cham-
pagne & de Picardie, & à ceux des
Paroisses de la ville & des faux-
bourgs ? Celles-là ont monté durant plusieurs années à pres de quatre cens mille liures, & on ne peut
presque compter les autres qui se
faisoient aux Concitoyens, qui
faute d'auoir de la besongne
estoient reduits à la derniere necessité. Certes on pouuoit bien dire
aux Parisiens, ce que l'Apostre di-
soit aux Corinthiens, que l'on auoit

ſujet de ſe glorifier de leurs libera-
litez, & que la loüable enuie de les
imiter, prouoqua pluſieurs autres
perſonnes dans les Prouinces d'en-
uoyer des ſommes conſiderables
pour ſecourir les pauures en cette
grande calamité. Le bruit en vola
juſqu'en Pologne, & la Reyne qui
a porté la pieté ſur le throſne, ne
pouuant oublier ſa patrie, enuoya
des nauires chargez de bled pour la
nourriture des pauures. Aujour-
d'huy le feu des diuiſions ciuiles eſt
eſteint, par la miſericorde de Dieu;
& encore que les impoſitions publiques & les mal-heurs de la guerre diminuent fort le bien des riches, il eſt certain neantmoins
qu'ils ſont plus en eſtat de contribuer à la ſubſiſtance de l'Hoſpital
general, qu'ils n'eſtoient au temps
dont nous venons de parler. Pourquoy donc n'eſperons - nous pas
qu'ils feront quelques efforts, &
que le meſme eſprit de charité qui
les a autrefois ſi fort preſſez, les
preſſera encore en cette occaſion,

1. Aux
Cor. ch. 9.

où ils sont interessez, puis qu'il s'agit de la subsistance des pauures, qui les importunoient sans cesse dans les Eglises, dans les ruës & à leurs portes.

Outre que par l'establissement de l'Hospital general, on remet l'estat tres-saint de la pauureté en son premier lustre, & que comme nous auons dit, on fait cesser les crimes épouuantables que les pauures commettoient impunément; on a trouué tant de facilité & de zele en toutes les personnes qui doiuent y contribuer, ou leur authorité, ou leur diligence; on a veu vne si grande vnion de volontez en ses entrepreneurs, & tant de choses particulières & tout à fait surprenantes sont arriuées, que l'on peut raisonnablement s'asseurer que Dieu approuue cette entreprise; & qu'il veut qu'elle s'acheue au temps où nous sommes. Or n'est-ce pas faire vne injure à sa sagesse & à sa bonté, que de soupçonner seulement qu'il

laissera perir ce qu'il a fait commencer, & qu'ayant donné la volonté & le courage d'entreprendre vne œuure si importante à sa
gloire, il ne fournisse pas les
moyens de l'acheuer ? Est-il possible que n'ayant pas laissé mourir
les pauures de faim tandis qu'ils ne
le connoissoient ny ne le seruoient;
mais qu'au contraire ils deshono-
roient son saint Nom par des blaf-
phemes épouuantables, & qu'ils
se souïlloient de toutes sortes de
crimes, il les abandonne quand ils
sont instruits en sa connoissance,
& qu'ils menent vne vie Chre-
stienne ? Il a soin des petits des   *Pf. 146.*
corbeaux qui inuoquent son nom,
& il n'auroit pas de soin des membres de son Fils qui le prient, &
qui fondent leurs esperances sur
luy ? *N'est-il pas le refuge des pau-*   *Pf. 9. 10.*
ures ? Peut-il oublier leurs necessitez,   *11. 21. 71.*
& méprifer leur clameur ? Ses yeux   *106. 108.*
ne s'abaissent-ils pas sur les pauures ?   *131. 139.*
Le pauure n'est-il pas abandonné
entre ses mains, afin qu'il en ait du

soin? Est-il possible qu il méprise ses prieres? Ne sauue-t'il pas les enfans des pauures? Ne les deliure-t'il pas de la main du puissant? Ne les assiste-t'il pas en leurs necessitez? N'est-il pas à leur droite pour les secourir? Ne les saoulera t'il pas de pain? Ne fera-t'il pas la vengeance de ceux qui les ont méprisez? C'est ainsi que le Psalmiste parle des pauures, non pas de ceux, sans doute, qui sont seulement dans l'estat de la pauureté, mais de ceux qui ont l'esprit de la pauureté, & qui sont des pauures fideles, des pauures humbles, des pauures obeïssans, des pauures remplis de crainte du Seigneur. Tels seront ceux que l'on renferme dans l'Hospital general. C'est pourquoy il ne faut point craindre qu'ils perissent, & que la prouidence manque de les secourir. Considerons la ville de Paris. Sa subsistance est vn continuel miracle de cette prouidence generale. Car encore que cette puissante Ville ait deux riuie-

res qui font comme deux mam-
melles intariſſables, & des Prouinces voiſines tres-abondantes en
toutes ſortes de biens; Il eſt certain toutesfois qu'en l'eſtat où elles ſont reduites par le mal-heur
de la guerre, on ne peut conceuoir
quand on vient au deſtail, comment il eſt poſſible qu'elles four-
niſſent les viures qui ſe conſument
chaque jour par ſes habitans. Les
pauures ne ſont-ils pas vne portion de cette grande Cité? La Prouidence ceſſera-t'elle d'en prendre
ſoin depuis qu'ils ſont enfermez?
Font-ils vne augmentation ſi con-
ſiderable que l'on doiue craindre
qu'ils encheriſſent les denrées? Au
contraire depuis cét eſtabliſſement, il eſt ſorty plus de quinze
mille gueux, qui ſe ſont reſpan-
dus dans les Prouinces voiſines;
de ſorte que par cette conſidera-
tion l'Hoſpital general eſt à la deſ-
charge du peuple qui nourriſſoit
tous ces faineants. Certes comme
il eſt certain que les bons pauures

font des remparts & des bastions
autour des Villes, qui les defen-
dent par leurs prieres ; que ce font
des fentinelles tousjours veillantes
qui les garantiffent des furprifes,
& que Dieu pour l'amour de ces
juftes, ne les punit pas en fa colere. Ie ne crains point d'affeurer
la ville de Paris, d'vne protection
diuine toute extraordinaire , &
d'vne abondance que l'on n'a point
encore veuë, fi fes habitans ont
foin des pauures que l'on a renfer-
mez pour leur commodité, & s'ils
font cette innocente vfure auec le
Seigneur, fans qui, c'eft en vain
que les gardes de la Cité veillent,
& appreftent leurs armes pour la
defendre. Pour moy, ie penfe auoir
raifon d'attribuer la conferuation
de la capitale du Royaume dans les
derniers mouuemens qui l'ont
portée fi prés de fa ruïne , aux aumofnes qui s'y firent en vn temps
où chaque habitant auoit fujet
de fermer fa bourfe, & qui ne furent mefurées que par la charité.

Pf. 126.

qui n'a point de mesure. De toutes les choses que ic viens de dire,
il me semble que l'on peut conclure asseurement que ce n'est pas
tenter Dieu que de se fier à sa Prouidence pour la subsistance de
l'Hospital general, quand le trauail des pauures ne feroit pas le
tiers de leur depense, comme on
espere qu'il le fera, quand les ma-
nufactures iront leurs train. Ce
qui fera dans peu de temps par le
bon ordre qu'on y apporte. Dans
le grand Hospital de Lyon, les ouurages des pauures contribuënt à
leur subsistance. Pourquoy dans
celuy de Paris ne fera-t'on pas
la mesme chose? On y a desja in-
troduits de bons Maistres qui feront de bons apprentifs, dont la
Republique tirera du seruice & de
la commodité; ce qui est vne nouuelle raison pour monstrer l'vtilité
de cét establissement.

On me pourra objetter que ie
demeure d'accord, que l'Hospital
general ne se peut entretenir sans

les aumofnes des perfonnes charitables, & que les pauures ne pa-
roiffant plus ny dans les ruës, ny
dans les Eglifes, il eft à craindre
que les objets de la charité ceffant,
la charité ne s'efteigne peu à peu,
& que l'on s'accouftume à la commodité de n'eftre plus importuné
de leurs crieries, fans fonger à l'a-
cheter par quelque contribution
pour leur fubfiftance. On peut encore adjoufter, qu'il paroift par les
Homelies de faint Gregoire de
Nanzianze, & de faint Chryfofto-
me au peuple d'Antioche, que les
pauures eftoient aux portes des
Eglifes, que leurs cris y refpon-
» doient au chant des Pfeaumes, &
» leurs gemiffemens à la voix des
» prieres myftiques ; qu'à l'entrée
» du palais des Empereurs on ne ren-
» controit que des perfonnes de
» condition, mais qu'à l'entrée de
» la maifon veritablement royale du
» Fils de Dieu, c'eft à dire des Tem-
» ples, on trouuoit des miferables,
» des boiteux, des aueugles, & des
eftropiez ;

eſtropiez ; ce qui eſtoit extreme- »
ment vtile aux fideles , puis qu'ils »
auoient en eux autant d'intercef- »
ſeurs pour obtenir ce qu'ils al- »
loient demander à Dieu. »

Ie demeure d'accord que beaucoup de ceux qui faiſoient l'aumoſne aux pauures tandis qu'ils
mandioient par la ville, y eſtoient
portez, ou par la compaſſion que
leur faiſoient les eſtropiez, ou par
l'importunité des demandes dont
ils ne pouuoient ſe deliurer qu'en
leur donnant quelque choſe. Mais
premierement, cette compaſſion
n'eſtoit-elle pas d'ordinaire exci-
tée par des maladies, des bleſſures,
& des playes contrefaites ? Et faut-
il que l'on permette dans vn Eſtat
bien policé, cét abus & cette ſorte de fourbes ? Doit-on ſouffrir
que des hommes qui pourroient
ou trauailler, ou ſeruir le Roy à
la guerre, faſſent vn meſtier de la
gueuſerie , ſous pretexte d'eſtre
eſtropiez & inualides, tandis qu'ils
joüiſſent d'vne parfaite ſanté ? Ne

D

trompent-ils pas ceux qui leur
donnent comme à des personnes
affligées de maux incurables ou ex-
traordinaires ? Ne sont-ils pas des
voleurs qui desrobent l'aumosne,
laquelle appartient aux veritables
malades ? Dans la recherche que
l'on en a faite, on a trouué de ces
gueux qui auoient deux & trois
cens pistoles. Ceux qui par vne
tendresse naturelle leur donnoient
dans les ruës, sçachant qu'ils ne
seront plus trompez, & que leurs
charitez seront bien dispensées,
peuuent-ils se refroidir, & oublier
les pauures qu'ils ne voyent plus ?
La charité, qui est vne vertu du
cœur des Chrestiens, dépend-elle
des yeux ? N'est-ce pas vn grand
seruice que l'on rend aux fideles,
de leur donner moyen de faire cette action chrestiennement[1], afin
qu'ils en reçoiuent la recompense ? Il se trouuera sans doute des
personnes qui ne donneront plus ;
mais le nombre n'en sera pas
grand, & ce qu'elles donneroient

à l'Hospital general, ne pourroit pas beaucoup ayder à sa subsistance. On a mesme pourueu à ce refroidissement de charité par les questes que les Dames font dans les Paroisses, où toutes sortes de personnes ont desja contribué fort liberalement. Messieurs les Curez respondent d'vn fond certain tous les ans, & on doit tout attendre de leurs soins pour vne si bonne œuure. On a mis des troncs dans toutes les Eglises, qui font souuenir ceux qui y entrent, de ces pauures qu'ils ne voyent plus, & qui sans parler leur demandent l'aumosne pour eux.

L'authorité de saint Gregoire de Nazianze & de saint Chrysostome, ne fait pas vne regle que les pauures doiuent tousjours estre aux portes des Eglises. Premierement, il paroist par ce qu'ils en disent, qu'ils n'y entroient pas pour empescher les fideles de prier, comme ils faisoient dans Paris; ce qui est vn desordre tres-grand auquel

on doit remedier, puis que de la
maison de prieres, ils en faisoient
vn marché par leurs cris insuppor-
tables, & qu'ils estouffoient la voix
du Prestre à l'Autel, par des male-
dictions contre ceux qui les écon-
duisoient, & par des blasphemes
horribles dans vn lieu destiné à
adorer & à benir le Dieu viuant.
En second lieu, ces pauures de
l'ancienne Eglise estoient bien differens des nostres. Les Euesques
en auoient vn soin particulier,
& ils estoient informez par le
moyen des Diacres de leur façon
de viure. Ils participoient souuent aux sacrez mysteres, comme nous apprenons de saint Chrysostome, qui dit, qu'à la sainte Table, il n'y a point de distinction de
personnes de qualité, & des miserables. Mais en nostre siecle,
voyoit-on jamais communier nos
pauures ? Sçauoit-on où ils se re-
tiroient ? Les Euesques, les Curez, se donnoient-ils la peine de
s'informer de leur vie ? N'estoit-ce

pas comme nous auons desja dit,
vn peuple au milieu du Christianisme, qui n'estoit ny payen, ny
Chrestien; pour qui les loix diuines & humaines ne sembloient
pas estre faites; qui faisoient entre eux vne Republique monstrueuse, dont la loy principale
estoit; Fay tout ce que tu voudras.
Mais comment saint Chrysostome peut-il estre allegué contre
l'establissement de l'Hospital general, luy qui souhaite qu'il s'en
pust faire vn dans la ville de Constantinople, & qui dit que la terre
fust deuenuë vn Ciel, si on y eust
veu tous les pauures nourris en
commun.

Hom. 11.
sur le 5.
chap. des
Actes.

La façon de viure indisciplina-
ble des pauures me donne lieu de
respondre à vne autre objection
que l'on fait d'ordinaire contre le
renfermement des pauures, comme si on violoit en cela les pre-
mieres loix de la nature, & de l'humanité, ostant la liberté d'aller où
on veut; faisant trauailler par for-

Responfe
à l'obje-
ction
qu'en
renfer-
mant les
pauures
on leur
oste la li-
berté na-
turelle.
Cн. X.

ce ceux que l'on renferme, & trai-
tant en esclaues, eux qui sont libres par leur naissance, & qui ont
encore esté deliurez par l'Euangile : De cette captiuité, dit-on, s'en-
suiuent encore plusieurs maux ;
Elle fait murmurer les pauures ;
Elle les entretient dans vne haine
continuelle contre ceux qui les
traitent de cette sorte ; Elle les
rend fascheux, & elle en fait des
hypocrites, & des sacrileges, les
poussant aux Sacremens, sans disposition, & sans deuotion ; mais
seulement pour satisfaire aux reglemens, ou pour estre mieux
traitez quand ils seront creus plus
deuots.

Cette objection est sans doute
la plus forte de toutes celles que
l'on peut faire contre l'establissement de l'Hospital general, & elle n'est pas nouuelle, mais il est ai-
sé d'y respondre solidement. Car
il n'est pas question icy des raisons
sensibles, & faussement pitoyables que l'on peut alleguer auec es-

prit, pour les pauures que l'on renferme: Il ne faut pas non plus mesurer cette sorte de gens par ceux qui sont dans vne autre condition, & qui viuent d'vne autre sorte. Mais il faut premierement sçauoir ce que c'est que cette liberté que l'on ne veut pas leur estre ostée. On ne peut dire que ce soit vne exemption de toutes sortes de loix, & vne ouuerture à toutes sortes de crimes. Quand S. Paul parle de la liberté que l'Euangile donne aux Fideles, il adjouste, *Tantum ne libertatem detis in occasionem carnis; Ne vous seruez pas de vostre liberté, comme d'vne permission pour contenter vos conuoitises charnelles.* Il y a eu des heretiques qui pensoient pouuoir prouuer par cette liberté mal entenduë, qu'ils n'estoient plus obligez d'obeïr aux Princes, ny à aucunes de leurs loix, & qu'ils pouuoient suiure tous les mouuemens dereglez de leur chair. L'Eglise les a condamnez, & il n'y a personne

Aux Galates, chap. 5.

qui n'ait horreur de ces sentimens:
La police ciuile a fait tousjours diuerses ordonnances pour regler
les actions des hommes qui sont
les plus libres ; comme les habits ,
les tables , & les autres despenses
somptueuses ; les mariages , les
testamens , les donations , & les
funerailles. Se plaint-on de ces
reglemens ? Allegue-t'on que l'on
oste la liberté aux hommes de
manger , de se vestir , de se marier
& de disposer de leurs biens à leur
fantaisie ? Et qui est-ce qui fait
supporter cette contrainte , qui est
dure, sans doute, à la plus-part des
personnes qui y sont soumises.
C'est l'vtilité publique que l'Estat
en reçoit, à laquelle il faut que
les particuliers contribuënt , &
qui doit estre la fin de celuy qui
gouuerne. Il y a mesme des occasions où la Iustice generale oblige
de faire des injustices particulieres, & tout grand exemple , dit
Tacite , a quelque chose d'inique,
qui est recompensé par l'vtilité
generale

generale de la Republique. Doncques quand mesme on feroit quelque violence à quelques pauures particuliers en les renfermant; N'est-il pas vray que le profit qui en reuient au public le rendroit licite & loüable ? A quoy, repetons-le encore vne fois, les pauures employoient-ils leur liberté? A n'obseruer aucun precepte de l'Euangile ; A ne faire rien de ce que l'Eglise ordonne à ses enfans, à commettre toutes sortes de fourbes, de voleries & de crimes. Quelle liberté est celle-là qui les rendoit esclaues de toutes leurs passions & de tous les vices; qui les tiroit de la sujettion à la justice, qui est la veritable liberté; qui auilissoit la dignité de leur estat, qui en violoit la sainteté, qui les priuoit du Royaume des Cieux qui leur appartient , & qui commençoit dés cette vie leur mal-heureuse seruitude de l'enfer , sous le diable & sous le peché? Il est vray que saint Augustin dit à chaque Chre-

E

ſtien, *Fay ce que tu voudras*, mais il demande vne condition, qui eſt que l'on ayme Dieu, *dilige, & quod vis, fac.* Car quand on a l'amour de Dieu dans le cœur, on y a la vertu, puis que la vertu n'eſt autre choſe, ſelon ce grand Pere, que l'ordre de l'amour. Et où trouuoit-on des pauures qui aimaſſent Dieu, qui benîſſent ſon nom, qui fuſſent ſoûmis à l'ordre de la Prouidence, qui eſtimaſſent à honneur d'eſtre conformes à ſon fils, qui mépriſaſſent toutes les pompes, & toutes les richeſſes du ſiecle, qui ſoûpiraſſent apres les biens eternels, & qui fuſſent des veritables pelerins en cette vie. Depuis trente ans on a parlé d'vn bon pauure dans Paris, & il a eſté conſideré comme vn miracle. Cependant tous les pauures, s'ils connoiſſoient bien la ſainteté & les auantages de leur condition, deuroient reſſembler à celuy-là qui ne demandoit point, qui eſtoit preſque tousjours en priere, qui menoit vne vie tres-

auftere , & qui nourriſſoit & in-
ſtruiſoit d'autres pauures. Ce n'eſt
donc pas oſter la liberté aux pauures que de les renfermer , c'eſt
leur oſter le libertinage, l'atheiſme
& l'occaſion de ſe damner. Ie veux
que d'abord ils murmurent, leur
murmure paſſera bien-toſt , &
quand ils ſe verront hors du ſoin
de chercher leur vie chaque jour;
quand ils ſeront veſtus, quand ils
ſeront bien couchez, quand ils ſeront ſecourus dans leurs maladies,
ils beniront ceux qui les ont enfermez, & trouueront la perte de
leur liberté bien-heureuſe. Les fu-
rieux diſent des injures à leurs Medecins , mais leurs Medecins ne
laiſſent pas de les traitter, & apres
qu'ils ſont gueris ils leur demandent pardon de leur folie, & les
remercient de leur cruauté. Desja
l'experience fait voir que ceux que
l'on croyoit deuoir eſtre des lions,
ſont des agneaux, & qu'au lieu de
ſe plaindre de leur captiuité , ils
s'y accouſtument & la beniſſent.

On a desja fait vne Million dans l'Hofpital des hommes & des femmes, & Dieu a tellement beny le trauail des bons Preftres qui s'y font employez, que l'on peut dire qu'il s'eft fait vn monde nouueau, vn monde de lumiere & de pureté, de ces pauures qui eftoient vn monde de tenebres & de corruption: que des deferts où il ne croiffoit que des ronces & des efpines, fe font changez en des pleines fertiles & agreables; qu'où fautoient les Satyres, & où les Lamies defcouuroient leur fein, pour parler auec Ifaye, là conuerfent maintenant les Anges de paix : qu'où le nom du Seigneur n'eftoit pas connu, là il eft honoré & inuoqué humblement. Le lieu où les pauures font enfermez eft beau & fpacieux, l'air y eft tres-falubre, le logement eft commode, ils ont honneftement à manger ; toutes ces chofes ne font-elles pas propres pour rendre leur prifon tolerable, fi elles ne peuuent la rendre agreable tout à fait. On leur permet quelquefois de sortir , pourueu qu'ils en demandent permission, & que l'on soit asseuré que c'est pour quelque sujet honneste. Combien de Monasteres de Religieuses sont-ils plus estroits, plus obscurs, & plus incommodes, où toutefois des filles de condition, & nées parmy les delices, se trouuent recluses, & non pas prisonnieres, si ce n'est de l'amour de leur Espoux ? Pour l'hypocrisie & la prophanation des Sacremens, que l'on pretend deuoir estre causées par cette contrainte de demeurer tousjours dans vn mesme lieu, on respond, qu'il n'y a rien de plus libre dans l'Hospital general que la frequentation des Sacremens; qu'on ne la permettra pas mesme trop grande, & que la distribution des choses necessaires à la vie est si egale, que la deuotion n'y mettra point du tout de difference.

Il ne sert de rien non plus d'alleguer que l'Hospital general ruine- Response à l'objection que l'Hospital general ruinera les autres Hospitaux. Ch. XI.

ra les autres, & particulierement celuy que l'on appelle l'Hostel-Dieu. Car il ne falloit pas par cette raison bastir l'hospital de la Trinité, des Enfans rouges, de la Pitié, des petites Maisons, ny ceux de la Charité pour les hommes & pour les femmes. Toutefois on les a bastis, & depuis leur erection l'Hostel-Dieu n'a pas laissé de subsister, la charité de Dieu se diuersifie en mille manieres, parce qu'il y a mille manieres de necessitez où elle doit pouruoir. Elle pousse les vns à secourir les malades, elle porte les autres à secourir les sains. Elle donnera de l'inclination à ceux-cy pour l'assistance des Enfans trouuez. Elle fait entreprendre à ceux-là l'education des petites filles pour en conseruer la pureté. Il ne faut donc point craindre que par le bastiment de l'Hospital general, les autres perissent. Chaque bonne œuure a vn aymant particulier qui attire l'aumosne des particuliers; & de cette façon tous les misera-

bles affiftez. Si chacun ne donnoit
qu'à l'Hoftel-Dieu , que deuien-
droient les autres maifons publiques dont nous venons de parler,
où on entretient vn fi grand nombre de pauures. Certes craindre
que par l'eftabliffement de l'vne,
les autres ne fe ruïnent, c'eft of-
fenfer la Prouidence diuine , qui a
des fonds inépuifables pour le fou-
lagement de tous les miferables.
L'Hofpital general ne touche point
aux taxes qui font fur chaque maifon pour les pauures , & ne pretend point en faire de nouuelles ; il
pretend que la charité cottife chaque habitant, & cette cottifation
ne peut eftre qu'abondante. Car
quand la charité s'eft defpoüillée
de toutes chofes, elle ne croit pas
auoir rien donné , parce qu'elle ne
regarde que celuy pour l'amour
de qui elle donne, de qui elle a tout
receu, & à qui elle veut tout rendre. L'efprit du monde infpire
mille façons differentes de dépen-
fer le bien à ceux qui le fuiuent.

E iiij

Les vns se ruïnent en bastimens,
les autres en meubles, ceux-cy en
équipage, ceux-là en festins. L'esprit de Dieu au contraire, iuspire
à ses Disciples des voyes diuerses
de bien employer leurs richesses;
& comme toutes les despenses superfluës des mondains forment
Babylone, qui sera vn jour destrui-
te auec toute sa pompe; ainsi toutes ces despenses pieuses que font
les veritables fideles, composent la
celeste Hierusalem, dont Dieu est
l'architecte, & qui ne sera jamais
renuersée.

Response
à vne au-
tre obje-
ction;que
l'on ne
trouuera
point de
Dire-
cteurs qui
veüillent
se char-
ger du
soin de
l'Hospi-
tal gene-
ral, qui
est tres-
labo-
rieux.
Ch. XII.

Ceux qui pour prouuer l'impos-
sibilité de la subsistance de l'Hospital general, alleguent qu'à l'a-
uenir on ne trouuera point de Directeurs qui puissent supporter
long-temps le trauail de cette con-
duite, les mauuaises humeurs &
les emportemens des pauures, & le
mauuais air des lieux où ils habi-
tent, s'interessent fort tendrement
en la santé d'autruy, & prennent
part en des incommoditez qu'ils

ne sentent point. Mais ceux à qui
Dieu a donné le mouuement de se
consacrer à cette œuure si importante à sa gloire, & au salut de ses
membres les plus chers, ont bien
preueu les fatigues où ils s'enga-
geoient. Ce n'a pas esté vn trans-
port de zele inconsideré, qui leur
a fait entreprendre ce laborieux
dessein, c'a esté vn zele selon la
science de Dieu, qui leur a des-
couuert tout ce qu'il y auoit à
souffrir dans cette entreprise, &
qui en mesme temps leur a donné
vne force nouuelle, & de corps &
de cœur, pour resister à vn si grand
trauail. Ils ne s'en pleignent pas,
au contraire, ils s'en loüent. Ils re-
noncent volontiers au repos de
leurs familles. Que dis-je, ils en
abandonnent les affaires auec joye,
pour s'appliquer tout entiers à la
perfection d'vn si grand dessein, &
sont bien persuadez qu'en fondant
la maison des pauures, ils establis-
sent leurs maisons particulieres, &
principalement celle du Ciel, à la-

quelle feule vn vray Chreftien doit
fonger. Il eft desja mort, dit-on,
trois de ces charitables Directeurs,
de peine & de trauail, mais qui a
jamais pretendu que le foin des
pauures garantift de la maladie &
de la mort ? S'il apportoit ce bien,
ceux qui blafment cette œuure,
feroient tous leurs efforts pour y
auoir part, & ce feroit vne charge
enuiée de tout le monde ; mais
quelle mort peut eftre plus pre-
cieufe deuant Dieu, que celle qui
arriue par les trauaux de la charité ? N'eft-ce pas mourir dans le
baifer du Seigneur ? N'eft-ce pas
fe confacrer foy-mefme dans les
flammes de l'amour diuin ? N'eft-
ce pas donner la plus grande preu-
Iean ch.15. ue de fa perfection, que de perdre
la vie pour le falut de fes freres ? Y
a-t'il vne vie parmy les tabernacles
des pecheurs, de quelque grandeur, de quelques richeffes, de
quelques plaifirs qu'elle foit ac-
compagnée, qui vaille vne fi dou-
ce & fi honorable mort? Meffieurs

les Directeurs qui demeurent au monde ont en leurs confreres, que Dieu en a retirez, des intercesseurs puissans, qui ont nuit & jour les yeux ouuerts sur l'Hospital general, & qui ne cessent de demander à Dieu sa protection, pour vne entreprise faite par l'inspiration de son Esprit, & qui ne regarde que sa gloire ? Les liaisons que la grace a faites durant la vie entre les fideles ne s'esteignent point par la mort, mais au contraire, elles se perfectionnent & deuiennent immuables & eternelles. Le soin des œuures où cette mesme grace les a engagez continuë dans le Ciel, mais auec vne tranquillité digne de l'estat de sa beatitude ; ainsi Messieurs de saint Firmin, de la Place, & Gillot, qui se sont offerts à Iesvs-Christ, comme les primices de la fondation de l'Hospital general, sont maintenant liez d'vn nœud plus estroit à leurs confreres, parce qu'il est plus épuré, & ils perseuerent dans vne puis-

sante sollicitude pour son establissement, de laquelle sans doute on
sentira bien-tost les effets.

Ie sçay que le Fils de Dieu dit,
*Vous aurez toufiours des pauures
parmy vous*; mais dit il Les pauures
mandieront toûjours dans les temples, & dans les ruës; on les affi-
stera pour les choses necessaires
à la vie corporelle, mais on ne
prendra point de soin de leur salut,
on ne trauaillera point à empescher leurs desordres; on ne les in-
struira point, on n'en fera point
de vrays pauures qui honorent la
sainteté de leur estat par l'innocen-
ce de leurs mœurs ? Il faut faire
vne grande difference entre la
mandicité, & la pauureté. Celle-
cy est sainte & sera tousjours dans
l'Eglise, parce qu'elle compose
son estat le plus saint & le plus
euangelique ; mais celle-là a esté
deffenduë par la loy de Dieu, qui
dit en termes formels aux Iuifs ; *Il
n'y aura point parmy vous des pauures qui mandient, Et omnino indi-*

Response
à l'obje-
ction du
passage,
*Semper
pauperes*,
&c.
Ch. XIII.

Il y a dif-
ference
entre la
pauureté
& la
mandi-
cité.

*Deut
chap. 15.*

gens & mendicus non erit inter vos.
Car il n'y a point de doute qu'il n'y
euſt des pauures, puiſque par d'autres loix, il pouruoit à leurs ne-
ceſſitez. Mais les mendians n'y de-
uoient pas eſtre, à cauſe que la
mandicité publique offençoit la
charité fraternelle qui deuoit re-
gner parmy le peuple de Dieu.
Aujourd'huy meſme les Iuifs ne
mandient point entr'eux, & les
riches ont ſoin d'aſſiſter les neceſſiteux dans tous leurs beſoins.
Dans les Capitulaires de Charle-
magne il eſt deffendu de ſouffrir,
que les mandiens ne vaguent par
les champs, & par les Villes ; &
ordonne que chaque Ville nourri-
ra ſes pauures, & que s'ils ne veu-
lent trauailler on ne leur donne
aucune choſe. Le ſecond Concile
de Tours au Canon 5. auoit eſtably le meſme reglement, afin que
les pauures n'euſſent point la fati-
gue de courir de Ville en Ville. *Vt
ipſi paupaures per ciuitates alienas
non fatigentur.* Cét ordre eſtoit

fondé fur la loy des Empereurs
nous lifons au Code , qui veut
que l'on examine la force du corps,
& la vigueur des années en ceux
qui font de la mendicité vn gain
public, & que s'ils font ferfs de
leur condition, celuy qui les dé-
couure au Magiftrat en acquiert
le domaine. Pie V. dont la memoire
fera à jamais en benediction à l'E-
glife, dés la premiere année de
fon Pontificat, deffendit aux pauures de mandier dans les Eglifes. Il
aymoit la pauureté, il l'auoit portée fur la chaire de faint Pierre, &
jamais Pape n'a efté vn plus rigou-
reux difpenfateur du bien des pauures, ny plus fenfible à leurs neceffitez. Toutefois il tafcha d'ofter la
mandicité qu'il fçauoit bien eftre
injurieufe à l'Eglife Chreftienne,
& contraire au repos qui doit re-
gner dans la maifon de Dieu. Saint
Charles Boromée qui a fi heureu-
fement reftably la difcipline Ecclefiaftique, fit la mefine deffenfe
dans fon premier Concile prouin-

Lib. 1.
tit. 21.

cial. Et qui osera accuser ce grand
Archeuesque , d'auoir mal-traité
les pauures , luy qui pour les seruir, s'estoit luy-mesme reduit à
vne extréme pauureté ? mais il
passa plus outre; car voyant que
les vagabons qu'il auoit nourris
durant la peste de Milan , apres
qu'elle fut cessée, couroient fortune de retomber dans les premiers desordres dont il les auoit
retirez, il fonda vn grand Hospital pour les entretenir , & pour les
faire viure aussi Chrestiennement
qu'auant qu'il en eust pris soin , ils
viuoient auec scandale : Les Mila-
nois s'affectionnoient si fort à cette œuure , qu'en peu de temps la
maison se trouua capable de receuoir les pauures de la Ville, & de
la campagne ; & par ce moyen Milan se trouua soulagée de l'importunité des mandiens.

Saint Thomas faisant la question   *2.2. quest*
s'il est permis aux Religieux de   *19 7. art.5*
mandier , conclud que cela leur est
licite; & dans le corps de l'article,

il dit, que l'on peut considerer
deux choses en la mandicité, l'a-
ction de mandier qui portant en
soy vne abjection de la personne
qui la fait, peut estre pratiquée
pour acquerir la vertu d'humilité,
Et ce qui est gagné en mandiant, à
quoy vn homme peut estre porté
par le desir d'amasser du bien, ou
pour viure dans l'oisiueté, & qu'en
ce cas la mandicité est illicite.
Apres cét oracle de l'Ange de l'Es-
cole, qui est-ce qui osera dire que
la mandicité est de droit naturel,&
qu'on la viole en renfermant les
pauures? Il est vray qu'il est permis
dans la necessité de demander, mais
l'establissement de l'Hospital general oste cette necessité, & donne
les choses necessaires aux pauures
sans qu'ils les demandent. Enfin
nous auons la decision formelle de
l'Apostre, qui dit nettement aux
Thessaloniciens, *Que celuy qui ne
veut point trauailler, ne mange
point.* Il se propose pour exemple,
& les fait souuenir, qu'il a trauaillé

jour

2. aux
Thess. ch.
3.

jour & nuit pour n'eſtre à charge
à perſonne. Or ſi le Docteur des
nations, qui ſeruant à l'Autel ne
s'eſt pas voulu neantmoins ſeruir
de ce droit; S'il admoneſte quelques Miniſtres Euangeliques de
trauailler en ſilence, & de manger
le pain qu'ils gagneront ſans exci-
ter des murmures; auroit-il ſouf-
fert dans l'Egliſe, des mandians oi-
ſifs, qui n'euſſent fait que blaſphe-
mer le nom de Dieu, & dont la vie
euſt eſté toute payenne ? Pourquoy
prenoit-il tant de ſoin des pauures
qui eſtoient dans Ieruſalem? Pourquoy ſe rend-il le porteur des au-
moſnes amaſſées dans les Egliſes
de Macedoine, de l'Aſie, & de Co-
rinthe, ſinon pour les empeſcher
de mandier ? Quand ie parle de
cette ſorte de la mandicité, ie ne
pretends point toucher celle des
Religieux que l'Egliſe approuue,
& qui n'eſt point de la nature de
celle dont ie traite, que toutes ſortes de loix condamnent. Celles de
nos Roys ſont ſi expreſſes en cette

F

matiere que ie ne me puis dispen-
ser de les rapporter tout du long.

François premier par son Ordonnance de l'an 1536. veut que les
mandians valides soient contraints
de trauailler pour gagner leur vie,
& qu'où il y aura defaut ou abus de
leur part, chacun les puisse prendre, ou faire prendre, & les mener
à l a prochaine Iustice, pour les pu-
nir & corriger publiquement de
verges & foüets, & mesme par
bannissement de leur personne, à
temps ou a perpetuité.

Henry second, par son Ordonnance de l'an 1547. faite à saint
Germain en Laye, ordonne au Pre-
uost & Escheuins de Paris, de
dresser des œuures publiques en
deux ou trois lieux de la Ville;
apres quoy il sera proclamé à son
de rrompe & cry public, que toutes personnes, soit hommes ou
femmes, valides & puissantes,
ayent à se retirer ausdits lieux
pour y trauailler auec salaire rai-
sonnable, leur deffendant de ne

plus quefter ny mandier par les
ruës, portes des Eglifes, ny autrement en public, fur peine quant
aux femmes, d'eftre foüettées &
bannies de la Preuofté de Paris, &
quant aux hommes d'eftre en-
uoyez aux galeres, nonobftant op-
pofition ou appellation quelcon-
que. Le mefme Prince par vne autre Ordonnance en l'an 1554. ordonne vne groffe fomme de deniers eftre employée aux fortifica-
tions & reparations des places
frontieres de fon Royaume, pour
donner moyen de viure à vn grand
nombre de pauure peuple accou-
ftumé au trauail, dont les maifons
& heritages ont efté gaftez fur la
frontiere ; enjoignant au Lieute-
nant Criminel de contraindre tous
valides à fe retirer & foy employer
efdites reparations & autres ouurages, par le moyen defquels ils
ne demeurent vagans par les che-
mins: Et où apres le temps qui leur
aura efté prefcrit, on en trouuera
aucuns tant és villes que plat pays,

qui soient accoustumez à l'oisine-
té, sous ombre de mandicité, ils
seront apprehendez & enchaisnez,
si besoin est, deux à deux, pour
estre employez sous bonne & seu-
re garde aux lieux desdites fortifi-
cations. En l'article 6. de la mesme
Ordonnance, il est deffendu aux
Abbayes, Prieurez, Chapitres &
Colleges, de faire des aumosnes publiques, d'autant qu'elles
estoient occasions d'attraire les valides, & de les destourner de trauailler; & ordonne qu'ils seront
tenus bailler & fournir en deniers
à la Paroisse en laquelle les Benefi-
ces sont assis, la valeur desdites aumosnes publiques.

Charles IX. 1566.   Charles IX. dans les Estats de
Moulins, ordonne de mesme que
les pauures de chaque ville, bourg
& village, seront nourris & entre-
tenus par ceux de la ville, bourgs
ou village, dont ils sont natifs ou
habitans.

Henry III. 1586.   Henry III. par son Ordonnance du 22. May de l'année 1586. esta-

blit le mesme reglement. Ce qui
fait voir clairement que nos Roys
n'ont pas creu faire vne action d'in-
humanité empeschant la mandicité publique, & contraignant sous
des peines si seueres les pauures
qui sont valides, de trauailler aux
ouurages qui sont publiques. De
cette sorte l'Hospital general ne
peut plus estre consideré comme
vne inuention nouuelle, mais plu-
stost comme l'execution des loix
du Royaume. Ie pourrois rapporter plusieurs Arrests du Parlement
de Paris qui font les mesmes def-
fenses; mais ie me contente de remarquer que par celuy du 3. Iuin
1532. il fut fait deffense à tous valides & puissans pour gagner leur
vie, de se trouuer où on fait les aumosnes publiques, sous peine d'e-
stre foüettez par les carrefours de
la ville.

Qui est-ce qui osera accuser ces
Ordonnances de cruauté ? & de
traitter en esclaues des hommes libres, & racheptez du Sang de

Arrests
du Parle-
ment de
Paris.

Iesvs-Chrst? Nos Princes par la fondation de tant d'Hospitaux dans les grandes Villes de leur Royaume, ont bien tesmoigné qu'ils aymoient les pauures, & qu'ils les regardoient comme les membres les plus precieux du Fils de Dieu. Mais ils ne mettoient pas en ce rang les gueux, qui pouuant seruir leur pays demeuroient dans vne vie oisiue & corrompuë par toutes sortes de vices. La nature leur auoit donné l'exemple de cette conduite dans la Republique des abeilles, où les mousches qui trauaillent à faire le miel, chassent les freslons de leurs ruches, qui ne trauaillent point, & qui mangent le trauail des autres. Platon ayant estudié cette merueilleuse police veut que le Legislateur fasse cette loy dans la sienne. *Que personne ne soit mandiant dans nostre Ville, & que ceux qui prendront ce train de vie, qui par des prieres pitoyables amasseront des aumosnes en soient chassez par les Edi-*

Lib. 11. de legib.

les, & de tout le territoire par les
Magiftrats qui en auront le foin, afin
que tout le quartier foit deliuré de
cette befte dommageable. En vn autre endroit il les nomme artifans
de tous les vices, & dit qu'en la
Cité où ils fe trouuent, il y a tous- *Lib. 1. de*
jours des facrileges & des mef- *Repub.*
chans, que les Magiftrats tiennent dans leur deuoir par la diligence & par la force. L'ancienne
Rome ne fouffroit pas que les pauures gueufaffent dans fes ruës, ny
dans fes Temples, & elle les auoit *Plinius,*
releguez à vne de fes portes. Vale- *lib. 14.*
re Maxime parlant de la Republi-
que des Marfeillois, dit, qu'ils n'y
fouffroient pas qu'aucun fous pretexte de religion y cherchaft fa vie,
& qu'ils fermoient leurs portes à
ces faineans qui vouloient couurir
leur oyfiueté du voile d'vne fuper-
ftition fauffe.

Certes fi la charité des Chref-
ftiens eftoit telle qu'elle doit eftre,
& qu'elle eftoit à la naiffance de
l'Eglife, comme nous auons dit, il

n'y auroit point de pauures mandians, parce qu'ils ſeroient ſecourus comme les membres d'vn meſme corps , qui doiuent eſtre ſoi-
gneux de leur conſeruation reci-
proque. Pourquoy donc trouuera-
t'on mauuais que cette charité ſi
long-temps eſtouffée dans Paris,
ſe reueille & ſe rechauffe,& qu'elle entreprenne d'empeſcher la ruïne de ſes membres qui ſont ſi chers
au Fils de Dieu ? C'eſt mieux auoir
les pauures parmy nous, de les
auoir dans vne meſme maiſon que
de les voir ſeulement dans les ruës
ou aux portes des Egliſes ; où ils
nous accablent de leurs cris , &
nous donnent horreur de leurs
perſonnes par ces playes inſuppor-
tables dont ils ſe couurent. Car on
peut maintenant les trouuer à toute heure, s'informer de leurs beſoins, les aſſiſter, les conſoler, les
inſtruire & les corriger. C'eſt la
veritable aumoſne dont ils ont beſoin. C'eſt celle qui n'eſt point
ſuſpecte ny de tendreſſe naturelle,

ny

ny de depit, ny d'enuie de se deliurer d'importunité, comme sont
celles que l'on faisoit aux mandians dans les places publiques. Elles n'alloient pas au soulagement
de leurs miseres, mais à l'entretien
de leur oisiueté & de leur desbauche. Ils n'espargnoient rien pour
le lendemain, & le soir ils consu-
moient tout ce qu'ils auoient receu le long de la journée, de ceux
qui croyoient bonnement qu'ils
mouroient de faim. Mais aujour-
d'huy chacun peut s'asseurer que
son aumosne fournira veritablement à la nourriture du pauure
pour sa necessité, selon les regles
de la sobrieté Chrestienne, & ce
qui autrefois ne pouuoit pas suffire
à vn suffira à trois, par le bon mé-
nage qui se fera de toutes choses.

Les pauures estant nez tels, ou
estant reduits à cette condition par
l'ordre de la Prouidence, ne doiuent pas songer à viure ny abon-
damment, ny delicieusement. Le
mauuais riche dans l'Euangile n'est

Responfe à l'obje-
ction, que les pau-
ures font mal trai-
tez dans l'Hospi-
tal gene-
ral.
Ch. XIV.

G

pas enseueli dans les Enfers, parce
qu'il n'auoit pas fait manger auec
luy le pauure qui estoit à sa porte;
mais parce qu'il ne luy auoit pas
donné les miettes qui tomboient
de sa table, & que l'ayant laissé
mourir de faim, il l'auoit tué. Ie ne
pense donc pas qu'il y ait des personnes assez peu judicieuses pour
combatre l'establissement de l'Hospital general, par la consideration
de la mauuaise chere qu'y font les
pauures. Ils y ont les choses necessaires à la vie, le pain est bon, on
leur donne de la viande, les vieil-
lards & les inualides ont du vin, en
voila assez pour la nature. S. Paul
dit à tous les Chrestiens, *Ayant*
dequoy nous vestir, & dequoy manger
suffisamment, soyons contens de cela,
& ne desirons rien dauantage. La
vie des premiers Chrestiens d'Ale-
xandrie qui prenoient leur repas
ensemble, comme elle nous est
décrite par Philon le Iuif, estoit
encore plus austere que celle des
pauures enfermez. Il y auoit tou-

tefois parmi eux des perſonnes de condition , & nourries delicate-ment. Mais ils ne ſont pas, dit-on, accouſtumez à cette ſobrieté, mais il faut les deſaccouſtumer de leurs yurongneries & de leurs excés, qui cauſoient tant de ſcandales. La ne-ceſſité qui force l'homme à faire des choſes honneſtes eſt heureuſe, & plus auantageuſe que la liberté de viure dans la diſſolution. La con-duite des pauures dans l'Hoſpital general eſt pleine de douceur & de charité. On n'y pratique aucune des rigueurs dont les pauures auoient pris l'allarme, & ſi on en a chaſtié quelques-vns, c'a eſté par la neceſſité indiſpenſable d'entre-tenir l'ordre eſtably pour la diſci-pline de la maiſon, & pour faire que la crainte de la peine les épou-uantant tous, la peine ne tombaſt que ſur fort peu de perſonnes.

Il me ſemble que j'ay répondu à toutes les objections que l'on peut faire contre l'eſtabliſſement de l'Hoſpital general, & qu'apres

cela il ne peut plus y auoir de personnes , ie ne diray pas pieuses,
mais equitables, qui ne soient per-
suadées que cette œuure est non
seulement licite, mais qu'elle est
sainte, vtile, & absolument necef-
saire , soit que l'on regarde la gloire de Dieu , qui estoit offensée par
la mauuaise vie des pauures ; soit
que l'on considere les pauures
mesmes qui seront secourus de-
formais d'vne maniere constante
& asseurée, & pour les neceffitez
du corps & pour celle de l'ame;
soit que l'on ait égard au bien de
la societé ciuile , de laquelle on
bannit d'estranges desordres que
faisoient les mandians , & à la
commodité des habitans de Paris,
qui n'en seront plus importunez.
Mais auant que d'acheuer cette seconde partie , ie doy remarquer
que le bruit de cét establissement
qui s'est respandu dans les Prouinces, y a prouoqué plusieurs habitans des meilleures Villes de
France , à vne sainte émulation

d'en faire vn semblable, & qu'ils ont écrit à Paris pour en auoir le plan & les reglemens. C'est de Paris que toutes les inuentions du luxe & de la volupté se répandent dans la France; & n'est-il pas juste que si d'vn costé cette grande Ville est vne source de corruption, de l'autre elle donne l'exemple de la charité pour les pauures de I E S V S - C H R I S T? Que ce soit d'elle que sorte la reforme de cette nation, qui jusques icy a esté la delaissée, la rejettée, & la corrompuë; qui estoit assise dans l'ombre & la region de la mort, & à qui le soleil de la verité ne faisoit ny voir sa lumiere, ny ressentir sa chaleur.

TROISIESME PARTIE

LesChre-
stiens
sont obli-
gez de
contri-
buer à la
subsistan-
ce de
l'Hospi-
tal gene-
ral par
l'amour
qu'ils
doiuent
porter à
I. C.pau-
ure.
Ch. XV.

IL ne me reste maintenant, chers Parisiens, qu'à vous representer les raisons qui vous obligent à contribuer à la subsistance de cét Hospital qui vient d'estre establi, & la premiere est la mesme qui a fait faire l'establissement. Car si vous aymez I e s v s - C h r i s t, comme sans doute vous l'aymez ; ne deuez-vous pas contribuer tout ce qui dépend de vous pour faire que l'estat de la pauureté qu'il a voulu choisir pour luy , pour sa sainte Mere , pour ses Apostres, pour ses seruiteurs , & qui est le plus conforme à l'esprit de l'E-uangile, soit restabli en sa dignité & en sa pureté : Et n'est-ce pas ce qui se doit attendre de la demeure des pauures dans vne mesme mai-son, où l'ordre, dont nous auons parlé, est establi. Vous penseriez manquer , & vous manqueriez en effet à l'amour de vostre patrie

& de voſtre Roy, ſi pouuant par quelque petite contribution, procurer la paix, ou quelque grand auantage de l'Eſtat, vous reſuſiez de le faire. Vous ſçauez les deſordres que cauſoient les mandians dans l'Egliſe & dans l'Eſtat; Vous eſtes conuaincus que l'on y remedie en les renfermant ; Seroit-il poſſible que vous euſſiez tant d'indifference pour la gloire de voſtre Redempteur, pour l'honneur de voſtre Mere, pour le bien de la Republique, pour voſtre propre repos, & pour le ſalut de vos freres, que vous ne vouluſſiez rien contribuer à la conſeruation de toutes ces choſes ? Quand vous auez des enfans fous, ou des parens qui ſont neceſſiteux, vous les enfermez, & vous vous cottiſez pour trouuer leur ſubſiſtance, s'ils ſont pauures, parce qu'il y va de l'honneur de la famille ? Et vous ne vous ſouuenez pas de l'honneur de la famille du Fils de Dieu? Et vous donnerez ſujet à ſes enne-

mis de vous demander où est vostre
Dieu ? où est cette foy en I E S V S-
C H R I S T, dont vous vous van-
tez ? Si vous croyez qu'il est venu
au monde comme vn pauure , &
qu'il a vescu dans la pauureté, ne
deuriez-vous pas quitter vos biens
pour luy ressembler , ou du
moins, pouuez-vous sans luy faire vne extréme injure, abandon-
ner ceux qui sont pauures comme
luy ? Vous trouuez escrit dans vostre Euangile , *Donnez & il vous*
sera donné ; Faites l'aumosne , &
toutes choses sont nettes pour vous :
Si vous croyez les paroles de vostre Maistre , si vous attendez de
luy les biens celestes, si vous auez
des soüilleures à purifier dans vos
cœurs ; pourquoy ne donnez-vous
pas vos biens temporels à ceux qui
en ont besoin ? Vous dites que vostre loy est vne loy toute de charité, & vous auez des cœurs de lions
pour vos freres qui souffrent, &
leurs miseres ne vous touchent
point? Parisiens , si les Turcs vous

parloient de la forté, que leur pourriez-vous refpondre ? Certes il faut confeffer qu'ils font vne grande honte aux Chreftiens en cette occafion. Car ils ont vn foin tres - exact & tres-particulier de leurs pauures. Il y a dans toutes leurs Villes des maifons où ils font nourris , & peu de perfonnes de qualité entr'eux meurent fans fonder quelque Hofpital. L'Alchoran ne leur parle en tous fes chapitres, que de la priere & de l'aumofne. Leur charité va mefme jufqu'à pouruoir à la nourriture des chats & des vieux chiens, qu'ils ramaffent dans les ruës, pour leur donner à manger & de la paille fraifche. Ceux qui parmy nous fe font feparez de l'Eglife Catholique, & à qui nous voyons faire l'exercice de leur Religion à nos portes, ne nous donnent-ils pas vn exemple qui vous doit couurir de honte ? Il n'y a point de mandians parmy eux, on fait tous les Dimanches vne collecte ; & les par-

ticuliers, outre cela, se cottisent
pour entretenir ceux qui tombent
en necessité, & qui ne peuuent
trauailler. Faut-il que les publi-
cains, & les pecheurs vous prece-
dent dans le Royaume de Dieu?
Faut-il que ceux qui n'ont point
de veritable foy, vous en mon-
strent les œuures, & qu'ils vous
puissent dire, Vous nous parlez de
vostre foy, où en sont les actions?
Vous dites que vous aymez Dieu
que vous ne voyez pas, & vous
n'aymez pas vos freres que vous
voyez, & vos oreilles n'entendent
pas leurs gemissemens? Et vos
cœurs ne sont pas touchez de leurs
miseres? Imitez, imitez vos ad-
uersaires en ce point, & puisque
vous abondez en la foy, & en la
science de la verité, ie vous conjure aussi d'abonder en charité,
sans laquelle la foy est morte, & la
science ne fait qu'enfler l'esprit. Ie
ne vous parle point auec empire,
mes chers freres, *Non quasi impe-*
rans dico. Mais ie vous conseille ce

que ie croy vous estre vtile. Ie ne vous demande pas que vous vous incommodiez pour faire viure les pauures de l'Hospital general dans l'abondance, & dans l'oysiucté ; mais ie vous conjure de considerer qu'il doit y auoir quelque proportion entre vous & eux. Il faut que puis que Dieu vous a donné toutes choses, & qu'ils n'ont aucune chose, que vostre charité leur fournisse les choses necessaires à la vie.

Les biens au commencement du monde estoient en commun, & il s'en est fait vn partage fort inegal, que l'ordre de la prouidence, le droit des gens, le consentement des peuples, & les loix diuines & humaines ont autorisé. Or il y auroit de l'injustice en ce partage, s'il n'estoit ou plus, ou esgalement commode au genre humain, que la possession commune ; ou du moins s'il estoit tout à fait nuisible aux hommes. Et cela arriueroit sans doute, si les vns possedant tout, & les autres n'ayant rien, ceux-là

n'eftoient pas obligez, ie dis obligez, de fecourir ceux-cy, par vne
obligation fondée fur vn precepte.
Car autrement comme cette affiftance feroit remife à leur volonté,
& ne les rendroit coupables d'aucune faute venant à y manquer, la
plus grande partie des hommes pe-
riroit de mifere, tandis que l'autre
feroit dans l'abondance, & dans
les delices. Dieu a donc mis entre
les mains des riches la part du pauure, & quand ils la luy retiennent
ils retiennent vn dépoft qui leur a
efté confié. C'eft ainfi que parle
l'Ecclefiaftique, *Declina pauperi*
fine triftitia aurem tuam, & redde
debitum tuum; Prefte l'oreille au pau-
ure fans entrer en chagrin, & paye
luy ta debte. Ce dernier terme eft
tres-confiderable, & au commencement du chapitre, le faint Efprit
en employe vn autre qui a la mefme force, *Eleemofynam pauperi ne*
defraudes; Ne fraude pas le pauure
de l'aumofne. Si elle eftoit vne œuure de fimple confeil & de libera-

chap. 4.

Il y a obliga-
tion de
donner
l'aumof-
ne.

lité, le pauure ne pourroit pas se plaindre qu'on l'auroit fraudé. Car cette façon de parler, dit, qu'on luy denie ce qui luy appartient. Il n'est donc pas question, riches de Paris, d'exercer vne vertu, mais de ne commettre pas vn peché de larcin & d'homicide. Il s'agit de sçauoir si vous qui feriez vn affaire d'honneur de rendre le depost que vos amis vous auroient confié, vous ne ferez point de scrupule de nier aux pauures le depost que leur Dieu & le voftre a mis entre vos mains. Il n'a pas besoin de vous pour les assister dans leurs miseres, & dans leurs necessitez ; toutefois au lieu de deployer toute sa puissance, il a voulu vous admettre à la participation de ses effets, & secourir les hommes par les hommes, afin qu'on luy rendist des actions de graces pour les offices de pieté que l'on verroit en ses seruiteurs. Enfin il s'agit de sçauoir si vous voulez tuër ceux qui ont la mesme nature que vous, qui ont reçeu le mefme Baptefme, qui font nourris de mefme pain celefte, qui ont la mefme efperance d'vn mefme Royaume. Car fi vous ne les nourriffez, les faints Peres, vous crient que vous les auez tuez, *Non pauifti, occidifti.*

Ces raifons touchent generalement l'affiftance de tous les pauures, ie l'auoüe ; mais fi elles vous obligent de les fecourir en particulier, ne vous obligent-elles pas de faire la mefme chofe quand on les a raffemblez en vne mefme maifon ? Pourriez vous croire que parce qu'ils ne demandent plus ny à boire, ny à manger, ny dequoy fe veftir ; vous ne foyez plus tenus de les pouruoir de toutes ces chofes ? Ne fçauez-vous pas qu'ils en ont befoin ? N'eftes-vous pas conuaincus qu'elles leur feront mieux difpenfées dans la vie commune qu'ils meinent à prefent, que quand ils viuoient en particulier ? N'eftes-vous pas affeurez que vous ne nourriffez plus des vagabons ,

des voleurs, des blasphemateurs,
des yurongnes, & des impies?
Ne comptez vous pour rien de n'en
estre plus importunez dans les
Eglises? De ne souffrir plus leur
puanteur? De n'entendre plus
leurs blasphemes? De n'ouyr plus
parler de leurs friponneries, & de
leurs desbauches? Voudriez-vous
bien profiter de la commodité publique? Voudriez-vous bien faire
vn profit honteux de la charité de
vos concitoyens? Voudriez-vous
bien espargner ce que vous don-
niez tous les jours à vos portes,
quand on vous offre le moyen de
donner vtilement, & pour vous,
& pour les pauures?

Ne me respondez pas, ce que *Ser. 11.*
faint Ambroise dit que les riches
de son temps luy respondoient,
quand il leur parloit de faire l'aumosne. La pauureté est generale, *Mauuai-*
personne n'a plus de bien, les im- *ses excu-*
positions publiques, les tailles, les *ches pour*
malheurs de la guerre ciuile, & *ne pas*
estrangere, l'interruption du com- *faire l'au-*
mosne.
Ch.XVI.

merce, les banqueroutes, nous ostent la meilleure partie de nostre reuenu, à peine auons nous dequoy satisfaire à la despense où nostre condition nous oblige. Ie demeure d'accord de toutes ces choses, mais examinons si ce ne sont point des excuses de peché pour couurir la veritable dureté de vos cœurs. D'où pensez-vous premierement que vienne cette ruïne, generale sous qui tout le monde est abbatu ? Ce n'est pas seulement de la guerre ; car elle s'est faite autrefois auec autant, ou plus de fureur, qu'elle ne se fait aujourd'huy, & les charges publiques n'estoient pas si grandes, ny la France si ruïnée ? Il faut donc en chercher vne autre cause. Et quelle peut-elle estre que le mauuais vsage du bien que font presque toutes sortes de personnes? Quand est-ce que le luxe a commencé à se deborder dans Paris ? C'a esté quand on a fait ces grandes af-faires qui apportoient plusieurs millions.

millions. Car comme les richés
de Paris y participoient, ou par
l'achapt de ces nouuelles denrées, ou par le prest qu'ils faisoient
de leur argent à des interests ex-
tremement gros, chacun a pris de
nouuelles mesures sur son reuenu, qui s'est plus que doublé, &
de là est venuë la dissolution en bastimens, en meubles, en équipage, & en festins. Il y a eu fort peu
de personnes qui en ayent redou-
blé leurs aumosnes, Dieu ne voulant point de ces offrandes soüil-
lées, & teintes du sang du peuple. Cette sorte de bien, par la
reuolution & la decadence des affaires, est venuë à diminuer, & le
bon qui s'est trouué auec le mauuais a couru la mesme fortune.
Il ne faut donc pas alleguer vne
despense somptueuse, & fondée
sur vne mauuaise cause, pour
vne excuse valable de ne point
faire l'aumosne ; mais au contraire, il la faut faire pour conseruer le bien qui vous reste, & pour

H

expier le mauuais vsage de ces biens mal acquis que vous n'auez plus.

Mais confessez la verité, encore que vos reuenus soient diminuez, voftre luxe n'est-il pas tousjours dans l'excez ? Vos maisons font-elles moins dorées ? Y a-t'il moins de riches tapisseries, moins de lits superbes, moins de tableaux rares, moins de vases precieux, moins de cabinets magnifiques ? Et croyez-vous que le Christianisme vous permette toutes ces choses inutiles, & qui font au dessus de la condition de la plufpart ? A quoy vous feruent-elles qu'à contenter vos yeux, qu'à flater voftre curiosité, qu'à monftrer voftre vanité ? Qu'est-ce que la concupifcence des yeux, que faint Iean dit eftre vne des fources de tous les pechez qui fe commettent dans le monde, finon celle dont ie parle, qui vous domine fi cruellement ? Qu'est-ce que cette pompe, finon la pompe du monde, à laquelle

vous auez renoncé en voftre baptefme?Encore s'il n'y auoit point
de pauures dans Paris , vous pourriez dire que vous ne fçauez à
quoy employer voftre reuenu?
Mais voila l'Hofpital general où
les pauures ont befoin de lits , de
draps , de couuertures , d'habille-
mens , & vne feule de vos tapiffe-
ries fuffiroit pour fournir toutes
ces chofes. Vrie ne vouloit pas
coucher dans fa maifon , parce
que l'Arche du Seigneur & fon
General eftoient dans l'armée , &
fous les tentes ; & vous dormirez
dans des chambres magnifiques,
dans des lits precieux , dans des
draps delicats, au milieu des par-
fums, fans vous informer feulement fi IESVS-CHRIST, qui
eft l'Arche viuante de Dieu, cou-
che en la perfonne des pauures , à
l'air, & fur le paué ? Ie ne vous demande pas que vous vendiez tant
de meubles fuperflus ; ie veux
m'accommoder dauantage à voftre foibleffe ; mais j'ay droit d'e-

xiger de vous, que viuant dans la
delicatesse, vous ne laissiez pas perir de misere ceux qui sont les
membres de vostre Sauueur.

Il en deuroit estre de vous, chers
Parisiens, comme des enfans d'Israël, lors que Moyse entreprit le
bastiment du Tabernacle. On luy
apporta tant d'or & d'argent, & de
pierres precieuses, qu'il fut con-
traint de faire crier que l'on ne fist
plus aucunes offrandes , mais les
femmes rendirent particulierement leur pieté recommandable,
donnant leurs miroirs de cuiure,
dont on fit cette grande cuue où
les Prestres lauoient les victimes
auant que de les offrir à Dieu.
L'Hospital general peut bien estre
appellé le tabernacle du Seigneur,
puis qu'il est la retraite de ses enfans, & des membres de son Fils ,
où ils l'adorent en esprit & verité.
On le bastit, & tous les Curez
dans les Paroisses vous sollicitent
d'y contribuer selon vos forces.
Mais,helas!combien y en a-t'il que

leurs exhortations ne touchent
point? Où sont les femmes qui
ont apporté quelque piece de leurs
cabinets, ou de leurs chambres,
qui ne seruent qu'à leur vanité,
non pas pour en faire vn lauoir à
nettoyer les victimes, mais pour
empescher que les membres de
leur Sauueur ne perissent de faim?
Mais sçauent-elles bien que Dieu
ne les juge pas dignes de contribuer à leur nourriture? Il leur
feroit vne grande grace s'il leur
inspiroit le dessein de se deffaire de
tout cét attirail de la pompe du
siecle, & de le brusler dans le feu
de la charité; ie veux dire de l'employer pour les pauures. Elles ne
meritent pas cette faueur, & sa justice ordonne qu'elles meurent
dans l'amour de ces choses vaines
& superfluës, qui sera leur condamnation. Car que pourront-
elles respondre à leur Iuge quand
il leur dira; I'ay eu faim, & vous *s. Matth.*
ne m'auez point donné à manger. *chap. 25.*
I'ay eu soif, & vous ne m'auez

H iij

point donné à boire. I'ay esté nud,
& vous ne m'auez pas vestu. Di-
ront-elles, Seigneur, quand auez
vous eu faim ? quand auez-vous eu
soif, quand auez-vous esté dans la
nudité ? il leur respondra, Et pouuez-vous ignorer qu'il y auoit aux
portes de Paris vn Hospital où ie
souffrois toutes ces incommoditez
dans mes pauures ? Ne sçauiez-
vous pas bien que les assister, c'e-
stoit m'assister moy - mesme ? Di-
ront-elles , nous n'auons pù ny
vous donner à manger, ny vous ha-
biller. Si elles estoient assez effron-
tées pour alleguer cette mauuaise
excuse, ne leur reprocheroit-il pas
les tables delicieuses , '& ces meubles superflus contre lesquels ie
parle ? N'aura-t'il pas raison de se
mocquer d'elles, & de leur dire:
Adressez-vous à vos miroirs, à vos
plaques, à vos chandeliers, à vos
cabinets, à vos cassoletes, à vos tapisseries; & voyez si par leur moyen
vous pourrez vous rachepter de la
condamnation que ma justice va

prononcer contre vous. O qu'en
cette extremité épouuantable,
qu'elles feront confufes, & qu'elles
regretteront de n'auoir pas facrifié
quelque meuble de vanité à l'entretien des pauures de Iesvs Christ,
qui les euffent receus dans les Tabernacles eternels, & flefchy la colere de leur Iuge, que leur dureté
a fi outrageufement offenfé ! Elles
connoiftront, mais ce fera trop
tard, que les Directeurs qui les
ont entretenuës dans cette façon
de viure fi vaine & fi voluptueufe,
ont efté des aueugles qui les ont
conduites dans vne foffe, d'où ils
ne les peuuent retirer, & que ceux
qui leur confeilloient de quitter
ce fafte, à peine pardonnable à des
Payennes, eftoient de veritables
guides qui les vouloient faire marcher par le chemin eftroit de l'E-
uangile, lequel les euft conduites
à la vie. Mais en parlant de cette forte, ie dois reconnoiftre qu'il
y a beaucoup de Dames dans Paris, qui à l'exemple de Marie ont

parfumé le corps du Sauueur, ie
veux dire, qui ont donné de grandes sommes d'argent, qui ont sol-
licité les autres, & qui ont trauaillé de leurs mains pour faire les che-
mises , les draps , & les habille-
mens des pauures. Ie mettrois volontiers icy les noms de toutes,
mais leur modestie me le deffend ,
& elles fuyent autant les yeux des
hommes pour leurs bonnes œuures , que les meschans pour les
mauuaises. Dieu qui est infiniment riche en misericordes, ne
se laissera pas vaincre par elles en
bien-faits: Elles luy ont presté à
vsure , quand elles ont secouru
ses pauures , & il leur payera cette
vsure au centuple; & dés cette vie
il leur fera voir que le sein des
pauures est vne terre fertile , qui
rend mille grains pour vn que l'on
y jette, & qui semble estre perdu.
Mes freres , ie ne voudrois pas
vous porter à faire l'aumosne par
la consideration de cette retribu-
tion temporelle que Dieu ne manque

que point de faire dés cette vie. Car
ie desire que puis que vous estes
Chrestiens, vous la fassiez chrestiennement, c'est à dire, par le motif de
l'amour que vous deuez à celuy qui
estant riche de tous les thresors de la
Diuinité, s'est fait pauure pour vous
enrichir. Mais si vous ne pouuez pas
agir sans interest, songez que si les
pauures vous demandent des choses
temporelles, vous demandez à Dieu,
outre ces mesmes choses, les biens
eternels. Or il ne vous veut donner
ny les vns, ny les autres, qu'à proportion de ce que vous donnerez, *Date
& dabitur vobis.* Dans le troisiesme li-
ure des Roys, nous lisons vn exemple
admirable de la recompense temporelle de l'aumosne. La famine deso-
loit la terre d'Israël & le Prophete
Elie se sentit de ce fleau comme les
autres, encore que ce fust luy qui par
sa parole eust fermé le Ciel pour trois
ans. Il y auoit beaucoup de personnes
riches dans ce Royaume qui pouuoient le nourrir aisément, mais Dieu
voulut qu'il s'adressast à vne pauure

*2. aux
Cor. ch. 8.*

*S. Luc,
chap. 6.*

I

femme qui n'auoit plus qu'vn peu de
farine, & vn peu d'huile, dont elle al-
loit faire vn gasteau, apres quoy il falloit qu'elle & son fils mourussent de
faim. Le Prophete luy ordonne de luy
apporter à manger, auant que d'en
gouster, ny d'en donner à son fils; elle
obeït sans raisonner, & sans luy demander qui il est, de la part de qui il
luy fait cette demande, ny dequoy elle viura elle-mesme, mais elle ne per-
dit pas la charité qu'elle eut pour luy.
Car les vaisseaux où estoient sa farine, & son huile, furent remplis durant le temps de la famine, & la mi-
sericorde de Dieu; dit S. Chrysostome, entrant en combat auec sa charité, celle-cy fut enfin victorieuse par
la continuation d'vn miracle. Il faudroit que tous les Chrestiens escri-
uissent les paroles de cette veuue, &
Hom. 53. son exemple, sur les murailles de leurs
maisons, & dans les lieux où ils mangent, où ils dorment, où ils conuer-
sent, pour les auoir toûjours deuant
Lib. de les yeux. *Cette femme,* dit S. Cyprien,
op. &
eleemos. *n'osta pas à ses enfans ce qu'elle donna à*

Elie, au contraire ses enfans reçeuvent le fruit de la benignité qu'elle exerça pour le Prophete. Et toutefois elle igno-roit le nom de I E S V S - C H R I S T *elle n'auoit point entendu ses Apostres, elle n'estoit point obligée de rendre à* I E S V S - C H R I S T *vn peu de pain, & de viande, pour le corps & le sang qu'il auoit offert pour elle sur la Croix.* De-là on doit juger combien grand est le peché d'vn Chrestien qui se preferant soy-mesme & ses enfans à I E S V S - C H R I S T garde ses richesses, & ne fait point de part de son patrimoine qui est ample, aux pauures qui manquent de toutes choses. Ie pourrois alleguer beau-coup d'exemples des miracles faits en faueur de l'aumosne, & les benedi-ctions visibles que Dieu a respanduës sur les familles de ceux qui l'ont pra-tiquée ; mais celuy que j'ay choisi dans l'Escriture sainte peut suffire, & on n'en peut soupçonner la verité, ny en nier les consequences que saint Cyprien en tire, sans estre vn infidelo dans la maison de Dieu, comme il dit luy-mesme. *Quid facit in domo Dei infidum pectus, quid qui Christo omnino non credit, appellatur & dicitur Christianus? Pharisæi magis tibi congruit nomen.* Pourquoy appelle-t'on Chrestien celuy qui n'adjouste pas vne foy entiere à IESVS-CHRIST? *Le nom de Pharisien luy conuient beaucoup mieux.* Car il est dit dans l'Euangile, que les Pharisiens l'entendant parler de l'aumosne, se mocquoient de luy, parce qu'ils estoient auares. *Recueille donc,* dit saint Ambroise, *les fruits abondans de ton argent, I'entends les prieres des paunres, les intercessions des Saints, qui se souuenant de tes deuoirs que tu oublies si aisément, appaisent la colere de ton juge, luy presentant les aumosnes qu'ils auront receuës de toy.*

Si vous estiez dans vn vaisseau agité de la tempeste, & qu'il fallust pour sauuer vos personnes, jetter tous vos meubles, & toutes vos marchandises dans la mer, ie suis asseuré que vous en prendriez bien-tost la resolution. La France est vn grand vaisseau que l'orage de la guerre bat depuis plusieurs années, qui s'est veu bien

proche de perir par ſes diſſenſions
ciuiles, & qui ne peut éuiter vn nau-
frage entier ſi Dieu ne luy donne
bien-toſt la paix Il y a vn ſecret pour
empeſcher ce mal-heur, c'eſt de jetter quelqu'vne de ces choſes ſuper-
fluës qui prouoquent la colere diuine, dans l'Hoſpital general, & par
cette heureuſe perte, d'empeſcher
celle de tout le reſte. Car ce que vous
gardez, vous le gardez peut-eſtre
pour vn pillage, peut-eſtre pour vn
embraſement, & alors vous ſerez
confondus par les Idoles que vous aurez adorées. Vous les verrez empor-
ter, vous les verrez reduites en cen-
dres, & le regret de leur perte ſera le
commencement des morſures de ce
ver qui vous deuorera eternellement
dans les enfers. L'Hoſpital general eſt
vne banque ouuerte jour & nuit à
tout le monde, où les petites ſommes
profitent auſſi-bien que les grandes.
Iesvs-Christ vous dit à tous, *Ne-*
gotiamini dum venio; Faites vn ſaint
commerce juſqu'à ce que ie vienne. Donnez vn peu de terre quitte par le So-

leil, qui s'appelle or & argent, pour acheter la terre des viuans, dont Dieu est le Soleil, & dont les habitans viuront aux siecles des siecles. Ce n'est pas Iesvs Christ seul qui comme la clef de Dauid ferme, & personne ne peut ouurir; ouure & personne ne peut fermer; ses pauures ont part à ce priuilege; & quand ils ouurent le Ciel aux riches, il n'y a rien qui le leur puisse clore. La foy en est le chemin, l'esperance y fait marcher, mais la charité qui est la mere de l'aumosne a la disposition des portes. Elle y est receuë, & elle y fait receuoir tous ceux qui portent ses marques. C'est la Reine de ce Royaume qui peut y introduire les autres vertus, comme les suiuantes, & qui n'y entrent jamais qu'à sa suite. Enfin S. Augustin dit que le pauure est le chemin du ciel, & qu'il faut leur donner l'aumosne, si on ne veut s'égarer.

Il n'y a point de dispense du second precepte qui nous oblige d'aymer nostre prochain comme nous-mesmes. C'est sur cét amour que tous les saints

Via cæli est pauper incipe erogare, si non vis errare. Ser. 25. de verbis Domini.

Que l'aumosne se doit faire prompte-

Peres fondent l’obligation & la ma- ment.
niere de faire l’aumofne aux pauures. CHAP.
XVIII.
Que voudriez-vous, riches, que l’on
vous donnaſt ſi vous eſtiez enfermez dans l’Hoſpital general? Toutes
les choſes neceſſaires à la vie. Vous
ne trouueriez pas bon que l’on vous
les fiſt long-temps demander & que
l’on vous les donnaſt en rechignant.
Voyla voſtre regle, & qui eſt autant immuable que Dieu meſme.
Vous auez en vous la forme de la
miſericorde que vous deuez exercer
vers vos freres. Vous n’auez beſoin *Homo eſto*
que de voſtre propre cœur, qui eſt vn *tibi miſe-*
ricordiæ
precepteur domeſtique & irrepro- *forma, ſi*
chable de la benignité qu’ils atten- *quomodo*
vis, ſi
dent de vous. Mais ſi vous ne l’enten- *quantum*
dez pas comme vn precepteur de cha- *vis, quàm*
cirò vis,
rité durant cette vie, vous ſerez con- *miſericor-*
diam tibi
traint d’entendre ſes reproches à *fieri: tam*
l’heure de la mort, comme d’vn teſ- *cirò aliis,*
tantum,
moin qui accuſera voſtre cruauté, & *taliter, ipſo*
ſur le teſmoignage duquel vous ſe- *miſerere.*
P. Chryſol.
rez jugez. Ne dites pas, dans quelque *ſer. 45.*
temps nous ferons l’aumofne, il faut
que ce ſoit tout à l’heure. C’eſt le

S. Esprit qui vous l'ordonne dans les Prouerbes. *Ne dis pas à ton amy, va-t'en & retourne, ie te donneray demain ce que tu me demandes, quand tu le luy peux donner sur le champ.* Ces pauures sont ceux dont tu dois faire tes vrays amis en leur distribuant la mammone d'iniquité. Doncques, comme vous auriez honte de renuoyer vn de vos amis selon la chair & le sang, quand vous le pouuez assister dans vn besoin pressant; ne remettez point le secours de vos amis spirituels au lendemain ; car peut-estre ils seront morts demain par le delay de vostre aumosne; & voulez-vous estre coupables de cét homicide ? Quand il se presente vne occasion de faire quelque gain, la differez-vous à vn autre temps ? N'y courez-vous pas à l'heure mesme ? Ne renoncez-vous pas à vos plaisirs, & à vos autres affaires ? Vous pouuez gagner le Ciel assistant presentement les pauures de l'Hospital general, & vous remettez l'acquisition d'vne chose si precieuse à vn temps esloigné ?

gné? L'aumofne que vous leur ferez
fera tousjours vtile, mais elle le fera
au double en ce commencement, où
il faut faire des defpenfes immenfes
pour mettre les maifons en eftat de
receuoir ceux que l'on y enferme.
Pourquoy donc voulant eftre mife-
ricordieux dans quelques mois, fe-
rez-vous cruels & impitoyables aujourd'huy? *Tu mifericordiam quid in*
craftinum differs cum hodie crudelis &
immifericors fias. Ne fçauez-vous pas
que celuy qui donne toft, donne
deux fois, & que pour rendre vn
bien-fait accompli, il faut qu'il pre-
cede les demandes? La faim des pauures enfermez a-t'elle des oreilles
pour entendre cette parole, dans
trois mois ie vous nourriray? Le ven-
tre peut-il se contenter de cette bel-
le promeffe? Ignorez-vous que demain, demain, eft le langage de Babylone & de fes mal-heureux habitans; & qu'aujourd'huy, aujourd'huy
eft le mot du guet de Hierufalem.
Donc fi aujourd'huy vous entendez
la voix des hommes, des femmes &
des enfans, qui vous crient dans cét

Ambrof.
Serm. 81.

Il faut
faire l'au-
mofne
prom-
ptement.

Hospital, assistez-nous, secourez-nous, nous mourrons de faim sans vos aumosnes; n'endurcissez pas vos cœurs, ouurez-les à la compassion, afin que vos mains s'ouurent aux presens pour leur subsistance ? Que deuiendriez-vous, si Dieu remettoit à demain à vous conseruer ? Du moment que son secours, qui fait que vous subsistez cesseroit, vous tomberiez dans le neant d'où il vous a tirez ? Donc comme vous demandez à Dieu qu'à ce moment il vous defende, il vous conserue, il vous donne voftre pain quotidien ; de mesme en ce moment donnez à ses pauures les choses dont ils ont besoin. Dans le droit ciuil les pensions alimentaires ne souffrent point de delay, & on les adjuge par prouision. Mais dans le droit diuin, les alimens pour les pauures admettent encore moins de remise, & il les faut donner en definitiue. La raison en est, que dans les requeftes ciuiles pour leur prouision, on ne peut pas juger d'abord qui eft tenu de les fournir ; mais dans les demandes Chre-

ſtiennes des miſerables, il n'y a point
de pieces à voir, le procez eſt jugé,
& les riches ſont condamnez par la
Nature & par l'Euangile, à entrete-
nir les pauures. *Seruus es Dei, & diſ-* Serm. 81.
penſatio tibi commiſſa eſt dominicæ fa-
cultatis. Vous eſtes ſeruiteurs de Dieu,
leur dit S. Ambroiſe, *Regardez donc*
qui eſt celuy qui vous a donné la diſ-
penſation des biens de ſa famille. Il
vous en demande compte, & ſi vous
les auez tous employez pour voſtre
vanité, ou pour vos delices, il vous
punira comme des larrons, & comme des homicides qui auez fait mourir vos freres, pour leſquels ſon Fils
eſt mort. Mais vous ne tomberez pas
dans ce mal-heur. Vous ſerez ſans
doute meilleurs meſnagers de l'occaſion que la prouidence vous pre-
ſente de faire vn auſſi grand gain
qu'eſt celuy du Ciel, pour quelque
petite aumoſne, & il faudra pluſtoſt
vous retenir dans vos charitez, que
vous y pouſſer. Ie puis dire ſans
vous flater, que voſtre charité eſt ce-
lebre dans toute la France, & que
chacun a admiré les efforts qu'elle a

K ij

fait dans des temps tres-difficiles :
Vous n'auez garde de laiffer perir
cette gloire , & la fubfiftance de
l'Hofpital general , fera vne marque
eternelle de voftre tendreffe pour les
membres de IESVS-CHRIST. Le
Chafteau de Biceftre, la Salpeftriere,
& l'Hofpital de la Pitié, feront des
baftions qui couuriront mieux voftre ville contre tous fes ennemis,
que voftre nombre innombrable. Si
Dieu vouloit ennoyer fon Ange ex-
terminateur pour la deftruire , il
s'arrefteroit voyant à l'entrée ces
maifons où voftre charité fera re-
luire le fang de l'Agneau , & pour
l'amour de ceux qui les entretien-
dront, il épargnera les pecheurs qui
auront prouoqué fa colere. Ainfi,
vous n'empefcherez pas feulement
les pauures de mourir de faim , vous
fauuerez vos Concitoyens, & vous
aurez l'honneur , n'eftant que de
foibles creatures , de defarmer le
Tout-puiffant, & de faire changer
les Arrefts de celuy qui dit, *Ie fuis*
Dieu, & ie ne change point.

F I N.

Malach.
chap. 3.

www.ingramcontent.com/pod-product-compliance
Ingram Content Group UK Ltd.
Pitfield, Milton Keynes, MK11 3LW, UK
UKHW021741090726
13657UKWH00002B/854